한국의 性石

김대성 · 윤열수 지음

한국의 性石

도서출판 푸른숲

■ 저자의 말

　결국《한국의 性石》이란 제목으로 이 책은 빛을 보게 됐다. 실로 오랫동안 우여곡절 끝에 어렵게 어렵게 태동된 것이다.
　그 동안 많은 출판사가 이 책의 출판을 꺼려했다. 한마디로 남녀 성석의 갖가지 모양이 너무 노골적인 것이 화근이었다. 외설로 낙인 찍힐 우려가 있으니 평지풍파를 일으켜 남의 입질에 오르지 않겠다는 것이었다.
　'옛 사람들의 숭배대상이 된 기자신앙(祈子信仰)을 빼고 기층문화를 어디에서 찾아야 하느냐' '인공이 가미되지 않은 신앙의 대상이 왜 외설로 격하돼야 하는가' '지금도 많은 부녀자들이 성석 아래에서 간절히 기도를 하고 있는 현실을 직시해야 한다' '민속적인 측면에서도 전국에 산재된 우리의 성석이 정리돼야 한다'는 등의 주장도 받아들여지지 않았다. 민속신앙이든 신앙의 대상이든 일단 사진을 보기만 하면 고개를 돌려버렸다.
　그러다 지난 1986년 말 〈한국일보〉에서 발행하던 월간지가 이 성석을 용기 있게 특집연재했다. 연재 10개월 동안 의외로 많은 독자로부터 격려 전화를 받았다. 소중한 이 유산이 보호받아야 한다는 것이 절대다수의 의견이었다. 많은 독자들이 책으로 정리해 이 성신앙의 격을 높여야 한다고 했다.

그러나 출판사의 반응은 냉담했다. 출판은 하고 싶지만 남의 눈을 의식하지 않을 수 없다는 것이었다. 전국을 돌며 차곡차곡 담아두었던 윤열수 씨의 수많은 사진자료도, 틈틈이 현장을 찾아 남겨둔 나의 취재내용도 십여 년 동안 뒷전에 밀려 있었다.

그러다 실로 우연찮게 도서출판 푸른숲 사람들과 이에 관한 얘기를 하게 되었는데, 그들의 의외의 반응에 놀라지 않을 수 없었다. 숨기고 푸대접할 것이 아니라 양지로 끌어내 오히려 차원 높은 민속신앙으로 끌어올려야 한다는 적극성을 보였다.

바위와의 인연은 1980년대 초 전국 차문화 유적지를 집중 취재하기 위해 답사를 하러 다니면서 에밀레 박물관 조자용 박사를 만나고부터였다. 조박사는 기자석과 알터를 모르고는 기층문화에 접근하기 힘들다는 의미 있는 조언을 해주었다. 이 말은 사물을 보는 시각을 폭넓게 해주었다. 이후 민속학에 깊은 조예를 가지고 있는 신영훈·임영주·이강열 씨 등 많은 전문가들과 인연을 맺을 수 있었다.

21세기가 눈앞에 와 있다. 정보와 통신이 주도하는 21세기는 국경의 개념이 달라지는 시대가 된다고 예고하고 있다. 국경이 땅이라는 한정된 개념에서, 세계 어디서든 그 민족의 전통문화에 따라 정해진다는 새로운 개념으로 바뀐다는 주장도 있다.

가장 우리다운 것이 가장 세계적인 것이 되는 시대가 오는 것이다. 그러나 세계에 자랑하고도 남을 우리의 바위문화, 수많은 알터와 성석이 무속타파라는 이름으로 무자비하게 파괴됐다. 종교적인 이유로 소중한 우리 문화유산이 지금도 알게 모르게 하나 둘 사라지고 있다는 것은 슬픈 일이다. 한치 앞도 내다보지 못하는 파괴의 현장, 종교상의 문제든 이념상의 문제든 수천 수만 년을 우리와 함께 해온 살아 있는 유물이 자취를 감추고 있다는 것은 부끄러운 일이다.

성석은 낯뜨거울 것도, 숨겨야 할 것도 아니다. 선조들의 기원이 담겨 있는 소중한 문화유산의 하나일 뿐이다. 남아 있는 것이라도 소중하게 보존해보자는 작은 바람이 이 책의 존재이유이다. 우리다운 것이 가장 세계적이라는 것을 모두가 알 때쯤이면 우리가 자랑할 바위문화, 바위신앙이 몇 군데나 남아 있을지 의문이다.

1997년 초겨울 김대성

차 례

『1장』 서울·경기 지역　상스러운, 아니 성스러운 성석　13
　　　　　　　　　　　성석의 기원과 그 기능 - 허영순(종교 연구가)　44

『2장』 강원 지역　　　익살과 해학이 공존하는 성신앙의 현장　51
　　　　　　　　　　　음양사상으로 풀어보는 남녀성석의 의미
　　　　　　　　　　　- 조자용(에밀레 박물관장)　77

『3장』 충청 지역　　　아득한 선사 시대부터 있어온 선돌　83
　　　　　　　　　　　성신신앙의 분류 - 김태곤(전 경희대 교수)　104

『4장』 전남 지역　　　끝없이 이어지는 남근석 전쟁　111
　　　　　　　　　　　성(性)의 우리말 어원 '씨' - 서정범(경희대 명예교수)　131

『5장』 전북 지역　　　신묘한 힘, 마을의 음기를 막다　137
　　　　　　　　　　　알바위 신앙의 의미 - 신영훈(문화재 전문위원)　153

『6장』 부산·경남 지역　옛날 이야기 속 성석의 내력　159
　　　　　　　　　　　성신신앙의 목적 - 허균(문화재 전문위원)　191

『7장』 경북 지역　　　자연적이라 하기엔 기묘한 모양의 성석　199
　　　　　　　　　　　기자석의 역사 - 오출세(동국대 교수)　216

『8장』　　　　　　　　문자학으로 본 성석의 의미　223

1장 – 서울·경기 지역

상스러운, 아니 성스러운 성석

아기를 못 가진 사람의 마음을
가진 사람은 이해하지 못합니다.
남근석이나 부부석에
치성을 드리는 이들의 심정은
바로 죽음도 두렵지 않다는
결사적인 믿음이겠지요.

서울 · 경기 지역
상스러운, 아니 성스러운 성석

    그 숱한 발길이 오가면서도 예사롭게 지나쳐버리기 쉬운 것이 높고 낮은 산에 흔히 있는 남근석(男根石) · 여근석(女根石)이다. 자세히 뜯어보면 영락없는 성기(性器)의 형상을 하고 있지만 지척에 두고도 이를 모른 채 지나는 수가 많다. 알면 어떻고 모르면 어떠냐고 접어두면 그만이지만 일단 성기의 모양을 지적하면 누구나 "과연……." 하고 감탄을 하게 마련이다.

    등산객들이 제 집마당처럼 자주 오르내리는 서울 인근의 관악산 · 불암산 · 인왕산 등지에 남근석 · 여근석이 정확히 어디쯤 위치해 있는지 아는 이가 몇 명이나 될까? 많은 이들은 남근석 · 여근석을 외설스럽거나 상스런 것으로 여기고 있으나 기자(祈子, 자식을 기원)나 기복(祈福)의 현장으로 민족 성(性)신앙의 바탕이 되었다는 점에서 오히려 관심 있게 살펴볼 일이다.

불암산 기슭의 밑바위

 탄성이 나올 만큼 절묘하다. 조물주의 솜씨이지 사람이 이렇게 조화를 부릴 수는 없을 것이다. 앞쪽을 봐도, 뒤쪽을 봐도 역시 그렇다.

 높이 3.5미터, 밑변 15미터 가량. 여성 생식기의 외음부를 그대로 눕혀놓은 것 같은 이 바위를 보고 있으면 자연의 오묘함에 섬뜩해진다. 모든 것이 적나라하고, 모든 것이 있을 자리에 그대로 있으며, 바위 색깔마저 살아 있는 사람의 피부 같다. 배뇨관에는 줄기 식물이, 또 둘레에는 이끼가 음모처럼 둥그스름하게 끼여 있다.

 도봉구 중계본동 37통 불암산 산기슭. 원암 유치원에서 동쪽 산비탈로 3백여 미터 가량 걸어 올라가면 송림에 둘러싸여 남쪽을 보고 외롭게 혼자 누워 있다. 누구나 쉽게 접근을 못하게 할 참인지 바위 주변에는 가시나무가 첩첩이 둘러싸여 있다. 불암산이 옷을 벗은 지금이야 유치원에서 산비탈만 올라가면 쉽게 찾을 수 있지만 산이 옷을 입기 시작하는 4월부터는 안내자 없이는 쉽게 찾을 수 없는 곳이다.

 중계동 '밑바위'라면 바위문화나 성신앙에 관심 있는 이에게는 빼놓

불암산 기슭의 밑바위
여성 생식기의 외음부를 그대로 눕혀놓은 것 같다. 바위 색깔마저 살아 있는 사람의 피부 같아 더욱 오묘하다.

밑바위 전체 모습
최근 들어 밑바위 뒤쪽에 있는 소나무에 총각들이 목을 매고 죽는 일이 잦다고 한다.

을 수 없는 우리나라 대표적인 음석(陰石)이다. 여러 번 찾아 왔었는지 허영수(종교 연구가) 씨는 눈을 감고도 밑바위 쪽을 찾아낸다.

'동제(洞祭)도 없고 해서 특별한 이야기는 전해오지 않지만 우리가 어렸을 적에 노인들이 밑바위 쪽으로 가지 못하게 했었지. 시대가 시대이고 아마 흉측하다고 그랬던 모양이야. 거기다가 작은 돌멩이를 끼워 놓으면 동네 처녀들이 바람난다는 얘기가 생각나는군.'

허영수 씨에게 이런 얘기를 해줬다는 산주(山主) 김원제(84세) 씨는 찾지 못했다. 산아래 마을 노인들을 찾아 밑바위에 얽힌 이야기를 물었으나 신통한 얘기가 없다. 이런저런 얘기를 수소문하다 귀가 번쩍 뜨이는 얘기를 들었다. 최근 들어 밑바위 뒤쪽에 있는 소나무에 총각들이 목을 매고 죽는 일이 잦다는 얘기다.

어느 곳이든 예외 없이 암바위가 있으면 근처에 수바위가 있게 마련이다. 밑바위가 있는 북쪽 건너편 산에도 사랑바위라 불렸던 남근석 '용든바위'(용이 들었다는 바위)가 있다. 20여 년 전 이 산을 허물고 채석을 할 때 없어졌다고 한다. 아이들이 장난삼아 돌멩이만 끼워 놓아도 동네 처녀들이 바람난다는 밑바위였으니, 20여 년 전 사랑바위를 잃고부터 한 해 한 사람의 총각을 목매게 하는지도 모르는 일이다.

짝 잃은 밑바위가 측은해 보인다. 아무려나 이렇게 넉넉한 바위에 치성을 드려 낳은 아들이라면 그 아이는 틀림없이 비범한 사내가 될 것이다. 신록이 한창일 계절, 그것도 사납게 비가 퍼부을 때 밑바위의 모양은 지금과는 판이하게 다른 모습을 보여줄 것이다.

관악산 연주암, 붙임바위

3대 외동 정씨(鄭氏) 집에 시집을 와서 아들 셋, 딸 하나를 낳았다. 시홍에서 밥술이나 먹고사는 집이고 보니 아들 딸을 쑥쑥 낳아주는 정씨 부인이 이 집안에서 사랑을 독차지한 것은 당연한 일이었다. 정씨 부인은 이 모든 것이 시집을 와 시어머니를 따라 관악산 산신령께 빌었기 때문이라 했다.

관악산 연주암(戀主庵)엔 '붙임바위'라는 큰 바위가 있다. 근처에서 주먹만한 돌을 주워서 이 바위에다 비비며 소원을 빌면 관악산 산신령이 소원을 꼭 들어준다고 했다. 정씨 부인은 시어머니와 함께 산신각에서 기도를 마치면 어김없이 이 바위에 서서 열심히 돌을 비볐다.

어느 날 동틀 무렵, 눈을 감고 돌을 비비던 정씨 부인은 비비던

돌과 함께 자신의 손이 바위에 붙어버린 듯한 느낌을 받았다. 놀라 바위에서 손을 떼어내니 주먹만한 둥근 돌은 그대로 바위에 붙어 떨어질 줄 몰랐다. 정씨 부인은 그때부터 산기가 있어 바위같이 튼튼한 아들을 낳았다. 둘째도 셋째도 넷째도 모두 이 붙임바위 덕분이라고 믿고 있다.

1986년 2월 말 홍익인간학회 허영수(許永秀) 씨와 동국대학교 윤열수(尹烈秀) 교수와 함께 이곳을 찾았을 때도 쉰을 눈앞에 둔 정씨 부인이 이 바위 앞에서 돌을 비비고 있었다. 지금은 아기를 낳게 해달라는 소원이 아니고 남편과 자식의 건강을 위해서라고 했다. 남들이야 부질없고 허무맹랑한 짓이라 하겠지만 정씨 부인에게 이 '붙임바위'는 모든 소원을 들어주는 신령한 바위이다.

관악산 연주암 붙임바위
주변에서 주먹만한 돌을 주워서 이 바위에다 비비며 소원을 빌면 관악산 산신령이 그 소원을 꼭 들어준다고 한다.

관악산 연주암 대웅전 뒤쪽. 지금은 금륜보전(金輪寶殿)이라는 현판이 붙어 있지만 옛날 산신각(山神閣) 자리라고 했다. 금륜보전 위쪽에는 직벽에 가까운 큰 바위가 벽처럼 서 있고 이 바위에는 지금도 크고 작은 돌들이 다닥다닥 붙어 있다. 많은 사람들이 기도를 하고 있다는 증거이다.

금륜보전이라는 작은 법당이 들어서기 전, 관악산이 생길 때부터 이 바위는 서 있었다. 그 이후 얼마나 많은 사람들이 이 바위에 소원을 빌었는지는 알 수 없다. 의도적인 것인지는 알 수 없지만 지금의 법당은 바위벽에 너무 가까이 붙여 세워 법당 뒤에까지 일부러 들어가서 바위를 비비지 못하게 해둔 것 같다.

윤교수의 말대로 아무리 막아도 이를 찾는 사람의 믿음을 막을 수는 없는지 지금도 여전히 붙임바위에는 작은 돌들이 붙어 있다.

"아기를 못 가진 사람의 마음을 가진 사람은 이해하지 못합니다. 남근석이나 부부석에 치성을 드리는 이들의 심정은 바로 죽음도 두렵지 않다는 결사적인 믿음이겠지요."

오래 전부터 전국의 선돌〔立石〕을 찾아 다닌 허영수 씨는 이들의 기도하는 자세에서 신령스러움과 경건함을 느꼈다고 했다.

삼막사 부부바위

관악산 서쪽 삼막사(三幕寺) 부부석은 우리나라의 국보급 성석이다. 삼막사를 가다보면 비포장 도로가 뚫려 있고 그 들머리 왼쪽 바위절벽 높은 곳에 사각으로 된 묘한 구멍이 있다. 절벽에 발바닥 모양으로 음각을 한 지상 4미터 가량 위에 서경당(西景堂) 추씨민(秋氏旻)이란 음각에 손바닥 두 개 크기의 홈을 파놓았다. 부도 자리라고 하는데 그 아래 길바닥과 하수구에 호두만 한 작은 자갈이 수없이 널려 있다. 밑에서 돌을 던져 그 구멍 속에 얹히면 아들을 낳는다고 했다.

열 번을 던져보았지만 하나도 얹히지 않았다. 이곳을 지나는 사람은 저마다 장난삼아 돌을 던져보지만 쉽사리 얹혀지지는 않을 성싶었다. 소위 아들을 낳는 '던짐바위'로 던져 얹기가 아들 낳기보다 더 힘들 것 같다.

신라 문무왕 17년 원효, 의상, 윤필 세 거사가 관악산에 들어와 막(幕)을 치고 수도에 들었던 자리에 세워진 삼막사는 삼성산(三聖山) 정상 동쪽 자락에 앉아 관악산을 보고 있다. 삼막사 본당에서 서쪽으로 난 오솔길을 따라 5분 정도 걸어가면 오래된 느티나무가 서 있는 꽤나 넓은 빈터가 나온다. 지금은 말라버렸지만 느티나무 아래에는 연못이 있었다. 이 연못의 서쪽 암벽에 거북 구(龜)자의 음각이 이채롭다. 큼직한 음각의 구자는 제각기 다른 형태의 글씨로 세 자(三字)가 파여 있다. 아직껏 이곳의 숨겨진 비밀을 캐내지 못했지만 윤교수나 허영수 씨는 연못과 느티나무, 거북 구자들의 삼각관계가 언젠가는 밝혀질 것이고 이곳 또한 빼놓을 수 없는 민속신앙의 주요한 장소라고 보고 있다.

이곳에서 곧장 더 올라가면 절벽 위에 지어 놓은 칠보전(七寶殿)

삼막사 던짐바위
이곳을 지나는 사람은 저마다 장난삼아 돌을 던져보지만 쉽사리 얹혀지지는 않을 성싶다.

거북 구(龜)자 음각
큼직한 음각의 구자는 세 자(三字)가 파여 있는데 제각기 독특한 형체의 글씨이다.

삼막사 부부암
복숭아같이 가운데가 갈라진 두 아름이 넘는 바위가 여근(女根), 그 옆에 불쑥 돌기한 바위가 남근(男根)이다.

이 나온다. 칠보전은 바위절벽을 깎아 양각한 미륵불을 벽면으로 삼아 그 위에 지붕을 얹어 법당을 만들었다. 건륭(乾隆) 28년(서기 1763년)이라고 음각된 것을 보면 이 미륵불이 새겨진 시기는 그렇게 오래되지 않은 것 같지만 세 석불의 코가 하나같이 새로 성형수술을 한 듯 시멘트로 만들어져 있다.

장승이나 미륵불의 코를 갈아 먹으면 아들을 낳는다는 믿음 때문이라 생각된다. 어쨌든 시멘트로 만들어진 코가 불상의 얼굴과 균형이 맞지 않는다.

칠보전은 옛 칠성각이 있는 자리로 법당 앞의 부부석이 유명하다. 무심결에 지나치면 이 천생연분인 부부석(夫婦石)을 보지 못한다. 삼막사에서 칠보전에 올라서는 들머리 오른쪽에 복숭아같이 가운데가 갈라진 두 아름이 넘는 바위가 바로 여근(女根)이다. 여근에서 불과 2~3미터 떨어진 낭떠러지 옆에 불쑥 돌기한 바위가 남근(男根)이다. 이 남근석을 칠보전 앞에서 보면 하나는 크고 하나는 작은 돌기둥이 붙어 있어 자세히 보지 않으면 남근으로 보기 힘들다. 그러나 여근이 있는 동쪽 끝 낭떠러지 쪽에서 보면 우람하고 장쾌한 남근의 형태임을 알 수 있다. 여근의 갈라진 쪽이나 남근의 뒤쪽은 높이 15미터 가량의 절벽으로, 여근 쪽에서 남근을 제대로 보려면 여근을 딛고 밧줄에 매달려 공중에 뜬 상태에서 봐야 한다.

어떻게 보느냐, 즉 어떠한 의미를 부여하고 보느냐에 따라 그 형상이 달라지겠지만 이 부부석의 경우는 삼척동자라 해도 고개를 끄덕일 정도이다. 남근석의 맨 꼭대기에는 누가 그랬는지 작은 돌 하나를 얹어 놓았다. 그 작은 돌 하나 때문에 남근의 꼭지 부분은 어머니 젖무덤같이 푸짐해 보인다. 사진을 찍기 위해 남근의 돌기 부분을 이리저리 살피던 백승기 기자가 거의 직사면에 붙어 있는 10원짜리 동전 두 개를 찾아냈다. 허영수 씨나 윤고수 입이 함박만해지면서 "이럴 수가. 이럴 수가 있나." 하면서 탄성을 지른다.

꼭대기 아래에 붙어 있는 동전은 10원이라는 표시의 10자가 바깥 쪽으로 붙어 있고 그 아래의 동전은 뒤쪽 다보탑이 보이게 서로 앞과 뒷면이 붙어 있다. 붙임바위에 비비는 돌이 작은 돌에서 동전으로 바뀐 모양이다.

남근석의 돌기 부분 여기저기에 비빈 자국이 뚜렷하고 여근석의 위쪽이나 옆에도 자국이 여실히 드러난다. 이렇듯 비벼서 둥글게 패인 곳을 '알터'라고도 한다. 수많은 이의 기원이 배어 있는 표식이다. 서쪽 멀리 인천 앞바다가 파노라마처럼 펼쳐져 있다.

남근석 위의 돌
남근석 맨 꼭대기에 누가 그랬는지 작은 돌 하나를 얹어 놓았다.

봉원사 뒷산 까진바위, 말바위

무악재를 사이에 두고 인왕산과 마주보고 있는 서대문구 안산동 안산 산등성이에 올라가면 남근석 '까진바위'와 '말바위'가 그 위용을 자랑하고 있다.

봉원동 태고종(太古宗)의 본산인 봉원사(奉元寺) 뒷산이 바로 안산이다. 서울의 우백호(右白虎) 격인 안산의 줄기는 이화여자대학교 뒤를 지나 합정동에서 한강에 발을 담그고 끝이 난다.

봉원사 들머리 왼쪽 길가에 높이 1.5미터, 폭 2미터 가량의 둥근 바위 하나가 누워 있다. 봉원사 쪽에서 보면 이 바위 중간이 밑까지 푹 패어 있고 그 가운데다 누가 주먹만한 돌을 끼워 놓았다. 이 돌을 빼놓으면 분간키 어렵지만 빼초롬이 돌이 박혀 있는 이상은 영락없는 합환여근(合歡女根)이다.

여근을 중심으로 양켠 사타구니에는 손바닥 크기로 10여 군데나 오목하게 패어 있는 알터가 외경스럽다. 패인 곳 4~5군데에 크고 작은 돌들이 붙어 있는 것이 봉원사 입구에서부터 긴장시킨다.

봉원사 대웅전 왼쪽, 안산으로 가는 등산로 입구에도 탑의 기단처럼 생긴 사각바위 옆에 작은 돌들이 줄줄이 매달리듯 붙어 있다. '까진바위'는 봉원사 위 안산의 등줄기에 서서 이화여대 쪽을 내려다보고 있

까진바위 전경
바위의 정면 돌기 부분에는 작은 돌로 비빈 주먹만한 작은 구멍이 수없이 움푹 패어 있다.

다. 남쪽으로 남산과 시청을 에워싼 고층빌딩이 눈아래 보이고 서쪽으로 63빌딩과 김포행 큰길이 손에 잡힐 듯 뚫려 있다.

높이 2미터 가량. 옆에서 보면 펭귄이 머리를 들고 먼 하늘을 바라보듯 힘차게 돌기 한 모습이다. 정면에서 보면

바위 벽에 새긴 글씨
'바위가 너의 어머니다.'

두꺼비가 서 있듯 가운데가 불거져 나와 있다. 검은 돌의 색깔까지 합쳐 울룩불룩 움직이는 것 같다. 잘생기고 힘찬 이 남근을 속시원하게 장군석이나 영웅석이라 이름붙이지 못하고 왜 왜소하게 '까진바위'라 했을까?

바로 아래에는 나지막한 사암(沙岩)의 여근이 까진바위 쪽을 몰래 쳐다보고 있다. 여근석의 튀어나온 부분에는 한 뼘이나 되는 알터가 만들어져 있다. 넓적한 까진바위의 정면 돌기 부분에는 작은 돌로 비빈 주먹만한 작은 구멍이 수없이 움푹 패어 있는 게 기자(祈子)신앙의 역사를 말해주는 듯하다.

까진바위 서쪽 아래 편편한 곳은 지금은 나무를 심어 정리했지만 유심히 살펴보면 군데군데에 온돌을 놓은 듯 주춧돌이 즐비하다. 까진바위를 중심으로 기도를 하는 소규모 무당집이 주위에 많았던 모양이다.

'바우가 너의 어머니다.'

까진바위에서 안산 정상으로 얼마 가지 않아 별로 높지 않은 바

안산의 말바위
애를 못 낳는 여자가 말바위 엉덩이 부분에서 머리 쪽으로 미끄러지듯 다가가 목을 끌어안았다가 돌아오는 것을 세 번 반복하면 반드시 잉태한다고 전해진다. 말바위 위에 있는 사람은 윤열수 씨다.

위벽에 푸른 색의 페인트로 이렇게 써놓았다. 글씨 아래쪽에는 치성을 드리는 작은 제단(祭壇)이 만들어져 있고 그 위에는 촛농이 널려 있다.

"오늘은 여기에 먹을 게 없네!"

이곳에 놀러온 아랫동네 개구쟁이들이 주위를 두리번거린다. 보통때 여기에 오면 사과며 밀감이며 떡이 제단에 소복이 쌓여 있고 이 제물은 개구쟁이들의 군것질 거리가 되는 모양이다.

여기서 안산 꼭대기는 꽤나 가파르게 올라가야 한다. 꼭대기에는 '명석(命石)'이라 새긴 작은 글씨의 음각이 있고 바로 아래 서쪽에 거북 모양의 바위가 건너편 인왕산 쪽을 보고 있다. 또한 동편 아래에는 낙타등 모양으로 생긴 바위가 거북바위와 같은 방향으로 서 있다.

애를 못 낳는 여자가 말바위 엉덩이 부분에서 두 다리를 벌려 타고 앉아 엉덩이를 움직여 머리 쪽으로 미끄러지듯 다가가 목을 끌어안았다가 다시 앉은 채로 엉덩이 쪽으로 돌아오는 것을 세 번 반복하면 반드시 잉태한다고 전해진다. 이 말바위의 목 부분은 6·25 때 포탄을 맞았는지 없어져버렸다고 했다. 대신 지금은 안산 정상 아래 해골바위의 잔등을 말바위 타듯 왔다갔다한다고 한다.

인왕산 국사당과 부암동 선바위

　날씨가 추운 탓인지 인왕산 국사당(國師堂) 문을 꼭꼭 걸어 잠근 채 푸닥거리를 하고 있다. 하나가 아니고 세 무리의 무당이 한 마루에서 각기 굿거리에 맞추어 긴 창을 쥐고 뛰고 굴리고 있다. 서울 무속의 최대 제장(祭場)답게 굿소리가 끊일 날 없는 곳이다.

　높이 6.7미터, 넓이 7미터의 선(禪)바위는 국사당 위쪽에 자리잡고 있다. 선바위 앞에는 돌로 만든 대형 잔 모양의 향로와 제단, 또 앞쪽의 절벽은 돌로 담벼락을 만들어놓았다. 네 명의 남녀가 옆 사람은 아랑곳 않고 열심히 기도하고 있다. 거무스름한 빛깔에 기괴한 모양의 구멍들이 큼직큼직하게 뚫려 있어 해골 같은 이 바위는 중이 장삼을 입고 서 있는 것 같기도 하다.

　태조 이성계가 왕위에 오르기 전 관세음보살과 닮은 이 바위의 모습에 감탄하며 무학대사에게 천일기도를 올리게 했다. 태조가 왕위에 올라 한양으로 천도한 지 일년 만인 서기 1395년에 도성(都城)을 쌓게 되었다.

　그런데 이 바위를 성안에 넣고 쌓아야 한다는 무학대사와 이를 반대하는 개국공신 정도전 사이에 논란이 벌어졌다. 무학대사는 선바위를 넣고 쌓으면 1천 년 도읍의 영화를 누릴 수 있고 그러지 않으면 5백 년 도읍밖에 되지 못할 것이라고 했다. 그러나 정도전은 선바위가 도성 안에 있으면 불교가 다시 흥할 것이고 고려처럼 불교 때문에 망할 것이라고 반대했다. 결국 정도전의 주장대로 성벽은 선바위를 비껴나고 말았다.

　두 사람의 논란이 계속될 때 이상하게도 성을 쌓을 자리에만 눈이 내려 그 자리대로 쌓고보니 선바위가 밀려났다는 전설도 있다.

1978년 새마을 정화사업이 있기 전에 선바위 주변엔 수많은 암자와 점집·굿집이 있었다. 그러나 현재에는 10여 개의 암자와 국사당 하나만 남아 있을 뿐이다. 국사당에는 이성계와 호신신장(護身神將)이 모셔져 있으나 이 바위에서 빌면 한 가지 소원은 꼭 이루어진다는 이야기 때문인지 발길이 끊이지 않는다.

두 쪽으로 갈라진 선바위 뒤쪽은 옛날부터 아들 못 낳는 여인네들이 많이 찾는 곳이다. 선바위를 왼쪽으로 하고 인왕산 쪽으로 몇 발만 더 올라가면 작은 산신각이 있고, 산신각 왼쪽에 어지간한 산봉우리만한 바위가 눈에 들어온다. 이 바위 또한 화강암으로 군데군데 기괴한 모양의 큼직한 구멍이 뚫려 있다. 참새와 비둘기

부암동 선바위
높이 6.7미터, 넓이 7미터의 선바위는 국사당 위쪽에 자리잡고 있다.

의 집이 된 이곳에서 사람들은 갈라진 틈마다 촛불을 켜고 삼색 과일을 차려놓고서 빌고 있다.

이곳의 이름난 여근은 산신각에서 좀더 바위 벽을 타고 오르면 왼쪽에 있는 칼로 가른 듯 반듯한 석벽이다. 3미터 높이의 이 바위 한가운데를 직선으로 위에서 밑으로 의도적으로 파놓았다. 밑으로 내려갈수록 깊이 파진 이 틈 사이는 가장 깊은 곳이 어른 손 하나 들어갈 정도이다. 제일 밑쪽은 턱이 져 있는데 이곳에 촛불을 켜고 줄지어 비는 모습을 볼 수 있다.

부암동 여근석
산신각에서 좀더 바위 벽을 타고 오르면 왼쪽에 칼로 갈라낸 듯 반듯한 석벽이 있다.

아래쪽은 폭포처럼 촛농이 흘러내린 것이 그로테스크하게 보인다. 이것은 자연스레 만들어진 여근이 아니라 사람의 솜씨임이 분명하다.

마른 명태 입 속에 밤을 까넣고 명태머리에 삼색 리본을 달아 이 속에 끼우고 기도를 하면 틀림없이 두꺼비 같은 사내아이를 낳을 수 있다는 유명한 기자(祈子)신앙의 본거지이다.

부암동 동네 이름의 뿌리, 붙임바위

지금 서울의 부암동(付岩洞)이라는 이름은 붙임바위 때문에 생긴 것이다.

'붙임바위'는 작은 돌을 손에 쥐고 바위에 비비다 손을 뗄 때 바위에 돌이 붙으면 옥동자를 낳는다 하여 붙여진 이름이다. 순수한 우리말인 붙임바위는 한자어로 부암(付岩)이 돼버렸다.

이곳에서 태어나 지금도 이곳에서 부동산중개업을 하고 있는 박순한(58세) 씨는 어릴 때부터 이 붙임바위가 눈에 익었다. 부암동 사무소가 옮겨가기 전 동사무소 자리 옆에 있던 이 바위는 1960년대 말 자하문(紫霞門) 길을 넓히면서 깨뜨려버렸다고 한다.

박씨는 붙임바위가 없어지고 난 후에야 이 바위가 예사롭지 않다는 것을 알았고 이 붙임바위의 내력을 찾아 헤매다 귀중한 자료를 찾게 됐다. 1950년대 이곳 출신 교사가 이 일대의 유적지를 등사한 문고판 속에 붙임바위에 대한 기사를 실었다. 기사 옆에는 직접 찍은 붙임바위의 흑백사진까지 곁들여져 있었다.

창의문을 나서서 세검정으로 가자면 지금 버스종점을 지나 50미터, 부암동 길 동편에 높이 2미터 남짓한 바위가 민간집 대문 앞에 있다. 그 바위 표면에는 마치 벌집이 송송 뚫린 것처럼 고만고만하게 오목한 자국이 수없이 많이 있다. 이 바위에 돌을 붙이게 되면 자녀를 낳지 못하는 사람이라도 귀여운 옥동자를 낳을 수 있다는 전설이 전해져 수많은 사람들이 작은 돌을 바위에 붙이려고 애쓴 나머지 그렇게 곰보 모양으로 송송 뚫린 바위가 되었다. 이로 인해 이 바위를 어느덧 붙임바위라 부르게 됐다. 그리고 이 바위 때문에 이 근방 동네 이름마저 부암동이다.

박씨는 부암동의 내력이 담긴 이 바위의 사진을 크게 복사해서

부암동사무소에 기증했다. 지금 부암동사무소에 가보면 민원창구 앞에 옛 붙임바위 사진이 놓여 있으나 민원인들이 대부분 객지 사람들이라 부암동의 내력이 담긴 이 사진에는 무관심한 듯하다.

불광산 꼭대기 알터, 천녀바위

'알터'라고 하면 기자나 기복을 빌며 바위에 둥글게 파놓은 자리이다. 이름난 음양석(陰陽石)의 몸통에는 어김없이 알터가 패어 있다. 달걀 혹은 주먹만한 크기의 이 알터가 커지면 지름이 1미터 이상의 규모가 되기도 한다. 이 정도 큰 알터는 한 마을이나 나라에서 하늘에 제사를 지내는 천제단(天祭壇)이 되었다.

마을 사람들은 불광산(佛光山)을 수리산이라 부른다. 산꼭대기에 직경 1미터 가량의 천제단 알터가 말없이 서울 한복판을 내려다보고 있다. 서울의 주산 격이 아닌 불광산 정상에 이런 대형 알터가 있다는 것부터 기이하다. 옛 사람들이 이곳에다 알터를 만들었을 때는 분명 무슨 이유가 있었을 것이다. 불광산 서쪽 기슭 아래에 있는 도솔암(兜率庵) 덕전(德田) 스님은 이름 없는 이 산의 이름을 불광산이라 부르고 앞으로 한국 불도(佛都)의 중심지가 될 것이라고 했다.

북한산에서 내려오는 줄기가 보현봉에 이르러 갈라져 하나는 동쪽으로 뻗어내려 한양이라는 왕도(王都)를 이루었고, 다른 하나는 서쪽으로 뻗어내려 응봉(鷹峯)을 거쳐 불광산을 만들었다. 서울에 편입되기 전 불광동은 경기도 고양군 신도면(神道面) 불광리(佛光里)라 명명되었다. 신도라는 이름이 주는 의미와 함께 불광이라면 전국 유일의 지명이라고 했다.

이곳 사람들은 불광산 정상에 펼쳐진 바위벽을 치마바위라 부른다. 불광산 서쪽 골이 바로 여근곡(女根谷)이기 때문이다. 정상의 천제단 알터를 정점으로 동서남북 사방 아래쪽에는 인공미가 전혀 없는 빼어난 여근이 만들어져 있다.

천제단 알터가 있는 치마바위 아래쪽 깊은 계곡 바위 사이사이에서는 언제나 무당의 굿소리가 끊이지 않는다. 무당이나 기도하는 사람들을 만나 '왜 여기에서 기도하느냐'고 물어보면 한결같이 영험하기 때문이라 했다. 계곡 중턱의 바위군(巖群) 또한 여근 형상으로 곳곳이 기도터이다.

이곳에는 떡·과일·밤·대추·명태 등이 널브러져 있고, 여기저기 나뭇가지에는 삼색(三色) 리본이 매달려 있다. 그리고 여근곡의 막바지에 도솔암이 자리잡고 있다. 도솔암 바로 뒤의 갈라진 바위 앞에도 여근 제단을 만들어 놓았다. 덕전 스님은 이 여근 제단이 바로 불광산 알터와 맥을 같이 하고 있다고 했다.

제단 위를 누르고 있는 여근석 위에 올라보면 묘하게 돌두꺼비가 새끼 두꺼비를 업고 있는 형상의 큰 바위가 있다. 사람들은 이 돌두꺼비가 황금 두꺼비가 되어 세상에 출몰해서 나라와 사회의 번영을 돕게 될 것이라고 믿고 있다.

"서울 근교 어느 산 정상에서 이만한 크기의 알터를 본 일이 있습니까. 우리가 몰라서 그렇지 옛 사람들에게 이 알터는 바로 다산과 풍요, 나라의 번영을 비는 천제를 드리던 성스런 곳이 분명합니다."

이렇게 주장하는 덕전 스님이 있는 도솔암뿐 아니라 도솔암 맞은편에도 천녀바위(天女岩)라는 유명한 기도터가 숨어 있다. 천녀바위가 있는 이 산을 이곳 사람들은 그냥 삼각산이라 부른다.

지금 중앙박물관(옛 중앙청)에서 부암동을 지나 구기터널을 벗어나면 도로를 중심으로 오른쪽에 도솔암이 있고 왼쪽에 불꽃사라는 절이 있다. 불꽃사에서 서쪽 기슭을 따라 15분 가량 오르면 폭 5미터, 높이 9미터의 천녀바위가 나온다.

불꽃사 명화(明華) 스님 얘기로는 지난 1970년 말까지 천녀바위 아래에 천궁사(天宮寺)라는 조그마한 절이 있었다고 한다. 1978년 정화사업 때 천녀바위 아래에 있던 크고 작은 암자를 모두 강제 철거해버려 지금은 주춧돌만 남아 있다.

천녀바위는 인왕산 국사당의 선바위보다 더 영험한 곳으로 알려져 많은 기도객이 들끓던 곳이다. 천녀바위 주변을 복을 비는 골짜기라는 뜻으로 '복밭골'이라고도 했다.

불광산 꼭대기 알터
산꼭대기에 직경 1미터 가량의 천제단 알터가 말없이 서울 한복판을 내려다 보고 있다.

이 바위를 가만히 보면 인왕산 선바위같이 사방이 바람과 비에 자연스레 움푹 패어 기괴한 모습을 하고 있다. 정면에서 보면 오른쪽이 꼭 음각(陰刻)을 한 것처럼 남근 모양을 하고 있고 남근의 왼쪽은 여근 모양을 하고 있다. 바위 하나에 남근과 여근을 모두 가지고 있는, 즉 음과 양을 한몸에 가지고 있는 것이라 해서 더욱 영험스런 기도처가 되고 있다.

기도터가 강제 철거된 후 상주하며 기도하는 사람은 없어졌지만 천녀바위 주변 나무에 걸어놓은 일곱 색의 대형 리본이나 초, 향을 보면 이 바위 앞의 기도는 끊이지 않는 모양이다.

불광산 천녀바위
정면에서 보면 오른쪽이 꼭 음각한 것처럼 남근 모양을 하고 있고, 남근의 왼쪽은 여근의 모양을 하고 있다.

삼성산 정상, 돌호랑이

아무리 봐도 성기(性器)가 분명하다. 뒷다리로 성기의 끝부분을 살짝 오므려 발가락같이 만들어 눈가림을 하고 있지만 좀 떨어져 보면 분명히 알 수 있다.

너무 큰 탓인가. 땅바닥까지 무겁게 처진 성기를 달고 있는 이 동물의 형태를 두고 해치(獬豸)

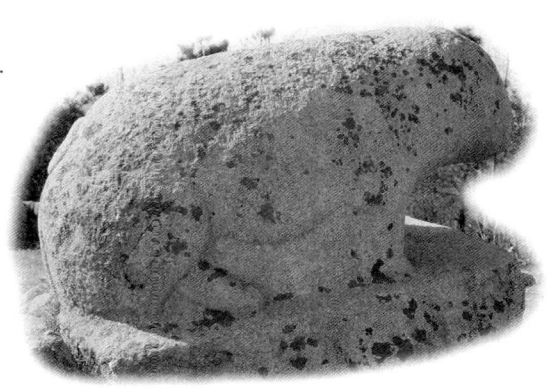

삼성산 정상의 돌호랑이
땅바닥까지 무겁게 처진 성기를 달고 있는 이 동물의 형태를 두고 해치 혹은 호랑이라고 한다.

혹은 호랑이라고 했다. 해치라고 주장하는 사람의 얘기를 들으면 그건 해치이다. 호랑이라 주장하는 사람의 설득력 또한 무시 못한다. 해치이든 호랑이든 이 석상은 어딘가 좀 모자란 듯 멍청해 보인다.

이 석상은 구로구 시흥동 삼성산(三聖山) 정상에서 북쪽인 경복궁 쪽을 보고 있다. 삼성산은 관악산의 서봉(西峰)이지만 주봉(主峰) 구실을 하며 예부터 화형(火刑)의 산으로 지목되어 왔다. 또 산세가 북방, 즉 한양을 향해 곧 달려들 듯한 자세의 호랑이 형상으로 생겨 호암산(虎岩山)이라고도 한다.

이 호랑이 형상은 마치 도성(都城)을 위협하고 안양을 등지는 듯하다는 풍수지리설이 있다. 이 지기를 누르기 위하여 이 석상이 있는 건너편 앞쪽 봉우리에 호랑이를 제압한다는 뜻의 호암사(虎岩寺)라는 절을 지었다고 했다.

태조가 수도를 한양으로 옮길 때 이 화형과 호형의 거센 산세를 염려, 화기를 막기 위해 지금의 불영암(佛影庵) 옆 산정에 길이 20

미터, 폭 12미터의 한우물〔天井〕이라는 연못을 팠다. 석상 바로 아래쪽에 있는 이 한우물(서울시 유형문화재 10호)은 가뭄 때는 기우제를 지내는 장소로, 전시에는 군용에 대비하는 용수로 쓰였다. 삼성산 정상 바로 아래에 있는데 아무리 가물어도 수량이 줄어드는 법이 없다고 한다. 서울소방본부는 이 석상을 서울의 화기를 잡는 수신(水神)인 해치라고 하여 소방의 상징으로 섬기며 한 해 한 번씩 제(祭)를 지내고 있다.

한편으론 호환(虎患)을 물리치기 위해, 기진맥진하여 도성을 향해 배례하는 얼빠진 호랑이를 연못 위에 만들어 둔 것이란 주장도 있다. 에밀레 박물관 조자용 관장이나 동국대학교 윤열수 교수 등은 분명히 호랑이라고 주장한다. 이 상은 뒤쪽과 앞쪽의 바위 사이에 위치한 큰 바위에 조각한 것이다. 어리석은 표정으로 두 귀는 축 처져 앞발을 구부정하게 하고 인사를 드리는 듯한 형태로, 뒷다리는 엉거주춤하여 곧 쓰러질 듯이 보인다. 꼬리만은 아직도 생기가 있지만 그것도 주인에게 굴복하듯 도사리고 있다고 지적했다.

호랑이는 번식을 위한 교미를 하고 나면 기운이 쇠해 성기를 축 늘어뜨린다. 이 석상의 호랑이도 그런 모습인 듯 성기가 처량할 만큼 힘 없이 축 늘어져 있다. 완전히 기진한 호랑이를 만든 모양이다. 하필이면 호랑이를 이 자리에 만든 생각, 그 호랑이를 기진하게 표현한 생각에서 다시 한 번 옛 어른들의 염원과 해학을 느낄 수 있다. 이 석상에서 더욱 눈길을 끄는 것은 석상의 머리 밑, 바위에 뚫린 지름이 한 뼘이나 되는 알터와 꼬리 뒤쪽의 바위 위에 새겨진 달걀 크기만한 일곱 개의 알터이다. 석상의 뒤에서, 또 앞쪽에서 무엇을 기원하며 알터를 만들었는지 궁금하다.

옛 사람들은 나무나 돌 도
제로 남녀 성기의 모형을
만들어 모셔놓고 신체(神
體)로 믿었다.

가평읍 승안리, 미륵바위

사나이 중 사나이다. 꿈틀거리는 근육 사이에 괴력이 배어 있다. 옥녀봉(玉女峰) 계곡 아래 우뚝 서서 무언가를 노려보며 분기탱천해 있다. 사람들은 저 바위가 언제부터 저렇게 서 있는 줄 모른다. 옥녀봉이 솟아오를 때 같이 솟아올랐을 거라고 믿고 있을 뿐. 불퇴(不退)의 맹장처럼 지금이라도 당장 밀어붙일 기세다. 군데군데 깊이 패인 상처가 백전노장의 훈장처럼 보인다. 저 정도라면 사내 중 사내를 낳을 만하다.

가평읍 승안리 용추폭포 안머리. 옥녀봉 계곡 물가에 서 있는 우람한 이 남근석을 사람들은 미륵바위라고 부른다. 바로 보면 미륵 같기도 하다. 미륵바위의 귀두(龜頭)를 갈아 바로 앞에 흐르는 옥녀계곡의 옥수(玉水)에 타 마시면 무슨 소원이든 이루어진다는 얘기가 있다. 때문에 도끼날처럼 튀어나온 귀두가 민둥하게 깎여가고 있다.

더러는 한밤중에 부부가 이 앞 계곡물에서 목욕을 한 후 물을 마시고, 바위 아래서 동침을 하면 옥동자를 본다고도 했다. 또한 미륵바위 몸통을 손바닥으로 정성껏 비비면 돌바위가 땀을 흘려 끈적끈적해지고 끈적해진 손으로 소원을 빌면 무엇이든 이룰 수 있다고 한다. 얼마나 많은 사람이 몸통을 비벼댔는지 손기름이 묻어 반질반질하다.

3년 전까지만 해도 물 속에 반쯤 발을 담그고 있던 미륵바위였다. 그런데 극성스런 동네 사람들이 바위 앞에 여럿이 모여 제(祭)를 지낼 수 있게 시멘트로 단을 만들어 놓는 바람에 키가 2미터로 줄어버렸다. 미륵의 허리까지 올라오게 주위의 둥근 돌을 쌓아올리고 바위 앞자락에 제단(祭壇)을 만들고 쌀을 넣는 단지와 촛대·향로를 비치해 두었다. 미륵바위 앞자락만이 아니고 바로 뒤의 평퍼짐한 바위에도, 또 오른쪽 뒤 바위에도 노천 제단을 만들어놓았다.

춘천 국도를 따라 가평읍을 막 벗어나면 왼쪽으로 용추(龍秋)폭포로 가는 길이 나온다. 여기서 용추폭포까지는 6킬로미터. 미륵바위는 용추폭포 유원지 주차장에서 1백 미터 가량 산쪽으로 더 들어가면 도로 왼쪽 아래에 서 있다. 가평문화원 신현정 총무이 사는 이 용추폭포와 미륵바위, 또 바위 위쪽 옥녀봉이 깊은 관계를 갖고 있는 것 같다고 말한다.

용추폭포는 이곳에서 암용추로 불린다. 암용추 사이를 헤집고 기운차게 내리는 폭포를 유심히 보면 용추는 용추인데 왜 암용추인지 금세 알 것이라 했다.

옥녀봉에서 흐르는 이 계곡을 옥계(玉溪)라 하고 예부터 이곳을 옥계구곡(玉溪九谷)이라 했다. 전 가평군수가 용추폭포 들머리에서 상류로 이어지는 옥계 12킬로미터를 국립공원으로 지정하자고 건의했을 만큼 그 경치가 뛰어나다. 지금은 봄이라 계곡 물이 바싹 말라 바닥에 깔려 있지만 물이 불어나면 미륵바위는 물에 젖게 된다. 몸통에 물이 오르면 더욱 장관이다.

물론 암용추도 여성다운 완벽한 아름다움을 보인다. 해가 지고

가평 용추폭포
암용추 사이를 헤집고 기운차게 내리는 폭포를 유심히 보면 왜 암용추인지 그 의미를 알 수 있다.

어둠이 깔리면 미륵바위를 찾는 아낙네가 지금도 울퉁불퉁한 이 돌길을 걷는다.

세종대왕 영릉의 돌양

긴장하면 오므라들고, 편안하면 늘어지는 것을 우리는 감각으로 체험한다. 양(羊)의 그것도 그런 신축성이 있다는 것일까. 만약 양도 그렇다면 이곳에 서 있는 돌양(石羊)의 것도 가장 편안하고 즐거웠을 때의 모습인 듯하다. 축 늘어져 있지만 탱탱하게 살이 오른 것이 의젓하고 탐스럽다.

여주 세종대왕 영릉(英陵) 봉분 앞쪽에는 네 마리의 돌말(石馬)이 문무인석(文武人石) 사이에서 마주보고 있다. 봉분의 좌우 뒤쪽에는 각 네 마리씩의 돌호랑이(石虎)와 돌양(石羊)을 배치해 두었다. 말은 실용성이 있어 문무인석 중간에 위치하고 호랑이는 호위성이 있어 봉분 뒤쪽을 지키고 있는데 양은 봉분의 좌우에 서 있다. 문제는 이 양이다.

우리나라에는 예부터 염소는 있으나 양은 없다. 그런데도 어느 시대든 왕릉 앞에 문무인석과 함께 양이 버티고 있다. 무엇 때문인가. 한국문자학회 김재섭(金載燮) 씨는 "신화·전설 시대 동방족(東夷族)의 시조인 염제 신농(炎帝 神農)씨의 후예이기 때문이다." 라고 명쾌하게 대답한다.

당시는 모계사회로 신농의 모계, 즉 어머니의 성은 강성(姜性)이고 강(姜)을 가진 사회의 상징, 즉 족표(族標)가 양(羊)이기 때문이다. 왕릉 입구의 문필봉(文筆峰) 역시 동방계 민족의 수장인 신농이나 단군할아버지, 하느님, 신주를 표시하는 자랑스런 동방족의 후손이란 뜻으로 풀이했다.

문제의 이 양을 봉분 앞 석상(石床)에서 보면 궁둥이만 보인다. 펑퍼짐하게 퍼진 궁둥이가 눈에 가득 들어오면서 둥글넓적하게 퍼진 꼬리가 보인다. 비바람에 궁둥이나 꼬리, 다리의 색은 거무튀튀하게 변해 있다. 백악(白堊)의 바탕색은 없어진 지 오래고 마치 원래 그런 색깔의 양이 있기라도 한 것 같다.

그런데 꼬리 아래 뒷다리 사타구니 사이로 하얀 것이 늘어져 있다. 자세히 보면 양의 불알이다. 모두가 검게 변했는데 이것만은 아직 하얀 색으로 남아 있다. 호랑이나 말의 뒤꽁무니엔 이것이 없다. 왜 유독 양의 사타구니에만 그것을 강조했는지 알 수 없다. 어째서 다른 동물에는 표현하지 않은 불알을 양에게만은 했을까. 그것도 적당히 형용한 것이 아니라 단단히 알을 밴듯 실감나게 함은 무슨 까닭일까.

민학회(民學會) 신영훈(申榮勳) 씨는 〈민학회보〉에 이 의문을 다음과 같이 썼다.

세종대왕 영릉의 돌양
비바람에 궁둥이나 꼬리, 다리의 색은 거무튀튀하게 변해 있다.

신양(神羊)은 제천(祭天)의 희생물이자 신과의 대화를 위한 하나의 매체(媒體)이다. 영릉의 석상 받침 돌북〔石鼓〕과 돌북에 새겨진, 기분좋게 웃고 있는 귀면(鬼面) 또 귀면과 마주보고 있는 축 늘어진 양의 불알은 양이 가장 즐거웠을 때의 모습이라 할 수 있다. 또 지사(地師)들은 불알에 맺힌 습기로 무덤 안의 상황이 감지된다는 말을 한다. 과학적이라면 불알에 성

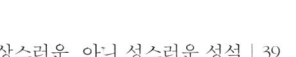

상스러운, 아니 성스러운 성석 | 39

기는 이슬맺힘(結露)을 말함인데, 석면의 온도 차이에서 생기는 이 결과를 지사들은 막연히 그렇게 느끼는 것일까.

그들은 타루비(墮淚碑)가 있다고 지적한다. 비석에 무슨 큰 변화가 있으려면 땀을 흘린다는 것이다. 또한 이 땀을 눈물이라 생각한 사람들이 비에 '타루'라는 이름을 붙였다고 한다. 석면의 온도 차이로는 설명되지 않는 것이 아니겠느냐는 물음이다.

더운 여름날 찬물을 담은 주전자를 대청에 놓았을 때 주전자 밖으로 생기는 결로현상과 마찬가지 이치라고 반격하면 그들은 다시 꼬집는다. 매년 여름이면 그런 현상이 계속되어야 마땅한데 어째서 특별할 때만 그러느냐는 것이다. 그들은 양의 불알에 이슬이 맺히면 사람들을 동원해 부채질을 한다. 무덤 속을 시원하게 해서 물기를 없애주기 위해서다.

그들의 생각이 비과학적인 듯싶다가도 이들 석조물이 현대 문명 이전, 벌써 수백 년 전에 만들어졌음을 깨닫게 되면 그 당시엔 그렇게 생각했을 수도 있겠다 싶다. 북에 귀면을 새기고 불알로 만들었다는 북을 거기에 두는 것도 당시로서는 당연한 어떤 연유가 있었으리라. 단지 우리가 그 내막을 모르고 있을 뿐이다. 현대라는 감각에 휩싸여 당대를 보는 눈이 어리석어져 있을 뿐이다.

김포 통진면과 대곶면의 돌미륵

대개 남근석을 '미륵바위' '돌미륵' 또는 '미륵

영릉 돌양의 확대사진
양의 불알에 이슬이 맺히면 사람들을 동원해 부채질을 한다. 무덤 속을 시원하게 해서 물기를 없애주기 위해서다.

님'이라고도 부른다. 모양이 그럴듯한, 빼어나게 남근을 닮은 미륵바위가 있기도 하지만 어떤 미륵은 전혀 남근이라고 볼 수 없는 형태이다.

김포군 통진면 가현 4리와 대곶면 초원지리 간동마을의 '돌미륵'은 마을 사람들의 보살핌을 받고 있다. 둘다 높이 1미터, 폭 50센티미터 남짓한 길쭉한 돌덩어리일 뿐인데 토담에 슬레이트 지붕을 이어 그 속에 모시고 있다. 정월과 10월은 마을에서 공동으로 제사를 올리고 아기를 낳고 싶어하는 사람은 수시로 이곳을 찾고 있다.

보통 기자석(祈子石) 미륵은 불교에서 말하는 미륵이 아니라고 했다. 흔히들 넓적한 돌이나 또는 넓적하게 생긴 사내아이를 보고 미륵같이 생겼다고 한다. 미륵이 석가모니불의 뒤를 이어 인간세계에 나와 용화수 아래에서 성불(成佛)한다는 얘기는 《미륵상생경》과 《미륵하생경》에 있다.

이 미륵사상은 미래 지향적인 이상세계로, 우리의 종교사상에 많은 영향을 주었다. 우리 고유의 말로 미륵을 표현하면 '미리'라고 하고 미리라는 말은 '은하수'를 뜻한다. 은하수는 곧 우주사상을 뜻하는 것이다. 따라서 민간신앙에서의 미륵은 현실세계, 즉 홍익인간 이화(理化)세계를 말하는 것이다. 따라서 이는 곧 하느님·천신(天神)·칠성님을 미륵이라고 한다는 것이 민속학자들의 견해이다.

통진면 가현 4리 미륵
이 미륵님 때문에 세상에 태어났다고 생각하는 많은 사람들이 이곳에서 치성을 드린다.

간동마을 돌미륵
밭 한가운데 블록으로 벽을 쌓고 슬레이트로 지붕을 만든 작은 창고 속에 높이 1미터, 폭 60센티미터 가량의 돌미륵이 있다.

김포군을 지나 마송에서 4킬로미터 가량 달려 가현 4리 호미원 농장 입구에 오면 왼쪽 언덕에 나지막한 흙집이 있다. 바로 미륵님을 모신 곳이다. 이은경(53세) 씨는 20년 전 나무로 집을 지어 놓았을 때는 동리 밖 사람의 접근을 막기 위해 자물쇠로 잠궈 놓았다고 했다. 또한 많은 사람들이 이곳에서 미륵님 때문에 세상에 태어났다며 치성을 드린다고 했다.

한 평 반 남짓한 흙벽의 이 미륵당 안에는 한쪽에 솥을 걸어 음식을 장만할 수 있게 해두었고 그 구석에 높이 1미터, 폭 70센티미터 차돌 모양의 미륵을 모시고 있다. 손바닥으로 얼마나 쓰다듬었는지 미륵의 몸통이 반질반질하다.

가현 4리 미륵당에서 1킬로미터 남짓 가면 바로 초원지리 간동마을이다. 마을의 밭 한가운데 블록으로 벽을 쌓고 슬레이트로 지붕을 만든 작은 창고 속에는 높이 1미터, 폭 60센티미터 가량의 돌미륵이 앉아 있다.

이 마을 이장순(74세) 씨는 할머니가 이곳 미륵님께 빌어서 자신이 태어났다고 했다. 이씨의 할아버지는 3대 독자였는데, 이씨의 할머니가 이 미륵을 팔거리에서 업어다 이 밭에 모시고 치성을 드린 끝에 이씨의 아버지 3형제를 낳았다고 했다.

무거운 미륵을 업어올 만큼 힘이 센 집안의 내력 때문인지는 몰라도 이씨 또한 일흔네 살의 나이에도 젊은이 못지 않은 건강을 누리고 있다. 자손들 모두가 힘이 세다고 했다. 이씨는 사촌까지 여섯에 현재 여덟 명의 손자를 보았다. 모두가 이 미륵님 덕분으로 알고 있다.

  이씨는 밭 가운데 쓸쓸하게 서 있는 이 미륵님을 위해 10년 전 손수 블록집을 만들어 10월 10일이면 꼭 제사를 지낸다.

성석의 기원과 그 기능

허영수(종교 연구가)

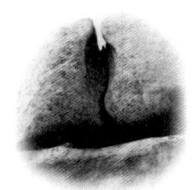

　태초부터 인류는 신앙을 가지고 있었을 것으로 짐작되지만 기록이 없어 증명할 길이 없다. 1~4만 년 전에 살았던 크로마뇽인들도 곰을 숭배했다고 전해오는 것을 보면, 인류와 신앙은 떨어질 수 없는 관계이며 문명과 문화를 창조하는 데 있어 그 바탕이 되었다고 볼 수 있다.
　종교는 단일형상이 아니라 복수의 형상으로서 민족이나 시대의 흐름에 따라 명칭이나 형태도 달라지게 마련이다. 오늘날의 종교가 있기 훨씬 전에 우리 선조들은 다양한 형태의 신앙을 지니고 있었는데 대부분 사라졌고 지금은 산·물·고목(古木)·암석 등 몇 가지 전통만이 간신히 이어져 오고 있는 실정이다.
　이 가운데 물에 대한 신앙은 용왕제나 방생의 형태로 남아 있고, 산에 대한 신앙은 천제(天祭) 또는 산신제로 이어져 오고 있다. 또 고목에 대한 신앙은 당산제로 이어지고 있다. 암석신앙은 특수한 모양의 암석을 대상으로 하고 있는데, 남근석·여근석에 대한 신앙이 바로 그것이며 음양신앙이라고도 한다.

지방에 따라 '아들바위' '건들바위' '총각바위' '미륵님' 등으로 호칭되는 특수한 바위에 아들을 낳게 해달라고 비는 것 등이 곧 일종의 암석신앙이다. 상사(想思)바위도 신앙의 대상으로 꼽히고 있는데 이는 상사병에 걸린 사람이 치성을 드리면 병이 낫는다는 것이다. 상사바위 주변에는 반드시 남근석이 발견되고 있어 눈길

암석신앙
특수한 모양의 암석을 대상으로 하는데, 남근석·여근석에 대한 신앙이 바로 그것이다.

을 끈다.

　전국 곳곳에 흩어져 있는 남근석·여근석·상사바위·부침바위 등은 언제부터 신앙의 대상으로 섬겨져 왔는지 정확하지 않다. 다만 옥천군에 있는 선돌 대부분이 신석기 시대의 것으로 추측되고 있어 이 같은 암석신앙이 5천 년 이상은 더 거슬러 올라가는 것으로 볼 수 있다.

　지금까지 답사된 자료를 종합해보면 국내에 산재해 있는 성신앙의 대상물은 840여 개가 있는 것으로 알려져 있다. 그중에는 자연석 그대로인 게 있고 바위나 나무를 조각한 게 있다.

　필자가 답사한 것 중 특히 눈에 띄는 것은 서울 중계동에 있는 밑바위, 서울 안산동에 있는 옴폭바위, 불광산 맞은편에 있는 천녀암(天女岩) 등이었다. 특히 천녀암은 남근석과 여근석이 함께 자리하고 있는 것이 기이했다. 강원도 원성군청 뜰에 있는 느티나무의 남근목(男根木)도 특이했다. 자연적으로 생겼는지 혹은 인공적으로 그렇게 만들었는지 궁금했다.

　고대사회에서의 성신앙은 다산과 풍요 등 목적이 단순했는데 문화가 발달됨에 따라 신앙의 형태도 풍농·풍어·사냥 등 그 목적이 일상생활과 직결되는 방향으로 다양하게 발전해왔다.

　사냥이나 어로에 관련된 외국의 풍속 중엔 성기 모양을 만들어 몸에 지닌다든지 여자의 분비물을 지니면 운이 따른다고 믿는 곳도 있다.

　이처럼 성신앙은 우리나라에 국한된 것이 아니라 이웃나라인 일본이나 중국 등 동남아 지역은 물론 프랑스·이탈리아 등 유럽에까지 널리 분포되어 있었던 것으로 알려지고 있다. 특히 지모신(地

母神)이나 생산신(生産神)으로 생각되는 오스트리아의 비너스상 같은 것은 역사적으로 매우 오래된 성신앙의 유물이라고 보는 학자들도 있어 무척 흥미롭다.

밀교의 '메카'라고 불렸던 네팔의 한 전당(殿堂)에는 남녀의 성희장면이 새겨져 있는가 하면, 목조건물 처마를 받치고 있는 받침목에도 남녀의 묘한 조각들이 새겨져 있어 그 대담성이 놀랍기만 하다.

남녀신(神)의 조각은 하도 만져서 반들반들 닳아 있다 한다. 이같은 현상은 춘천 역사상(力士像)의 남근 부위가 기자(祈子)행렬의 손에 닳아 있는 것과 비슷한 양상이라고 볼 수 있다. 전북 고창에 있는 선운사의 남근형 석탑과 강화도 전등사 대웅전 네 귀퉁이에 있는 나녀상(裸女像) 등도 일종의 성신앙을 묘사한 것으로 볼 수 있다. 또 아들을 얻기 위해 부인들이 남근이나 고추의 모형을 만들어 몸에 지니고 다녔던 것을 보면 외국의 성신앙과 일맥상통하고 있다.

일반적으로 외국의 경우 대담하게 성신앙의 형태를 갖추고 있는데 비해 우리나라는 그렇지 못하다. 성신앙을 연중행사로 치르고 있는 곳도 몇 군데 있지만 대부분 부녀자들이 남몰래 기자(祈子)나 기복(祈福)의 대상으로 섬기는 것이 고작이다.

전국 곳곳에서 볼 수 있는 장승도 성신앙과 관련이 있는 것으로 알려져 있다. 주로 마을 입구나 길 옆에 세워져 있는 이 장승은 병

단양 영춘 상리 비내바위
마을 사람들은 이곳에서 뱃길의 무사 안전을 빌었다.

마나 액운을 막아주는 수호신의 기능을 갖고 있고, 또 지역표시의 역할도 하며, 기복(祈福)의 대상이 되기도 한다. 또한 남장승의 코를 베어 달여 먹으면 아들을 낳고 젖이 안 나올 경우 여장승의 유방에 가슴을 대면 효험이 있다는 등 성신앙과 관련을 맺고 있다.

2장 – 강원 지역

익살과 해학이 공존하는
성신앙의 현장

태백산 정기를 받은 남근석이다.
이 남근석을 세우기 위해
모든 마을 사람들이 강과 시내를 뒤져
잘생긴 강돌을 주워다 제단 형식의
돌무더기를 꾸몄다.
남근석 형태 하나만 놓고 봐도
수석 수집을 하는 사람이
기절초풍할 만큼 명품이다.

강원 지역
익살과 해학이 공존하는 성신앙의 현장

성신앙의 현장에는 항상 익살과 해학이 공존한다. 물론 기자나 기복을 갈망하는 절실한 현장이기도 하지만 성석에는 반드시 웃음이 절로 터지는 일화가 뒤따른다.

마을 처녀들의 바람기를 막는다고 여근석에 철제(鐵製) 정조대를 입혔다. 듣기에 거북하다고 개바위를 용바위로 부르도록 비석까지 만들어 세우기까지 했다. 그런가 하면 낯뜨거운 형상을 한 여근석 때문에 비구니들의 마음이 흔들려 빈 절이 된 얘기도 있다. 많은 사람들이 드나드는 관청 마당에 무엄하게 용을 쓰고 있는 거대한 남근목도 무척 고약스럽다.

소초면 시탄마을의 여근석

성석을 찾아다니면서 제일 곤혹스러운 것이 길을 묻는 일이다. 처음 만나는 사람에게 노골적인 표현을 할 수도 없는 노릇이라 가능하면 마음씨 좋아 보이는 노인들을 골라 묻곤 한다. 원주 부근에 있는 여근석을 찾을 때도 그랬다. 여근석이 있다는 마을 입구에서 좀 실례를 해도 허물을 탓하지 않을 듯한 노인에게 말을 걸었다.

"할아버지, 혹시 이 마을에 괴상하게 생긴 바위가 어디 있는지 아십니까?"

"글쎄, 뭘 찾는지 잘 모르겠구먼."

"저……, 꼭 여자같이 생긴 바위가 있다던데요."

"아, ×바위를 찾는구먼."

노인은 얼굴 표정 하나 바꾸지 않고 친절하게 위치를 일러준다. 웃거나 화를 내는 기색이 전혀 없다. 여자바위니 여근석이니 하는 말은 듣기 좋게 하는 소리이고, 현장에서는 이처럼 원색적인 표현이라야 제대로 통한다.

거대한 여근석이 있는 부락을 이 지역에선 '시탄마을'이라고 부른다. 정확한 행정지명은 강원도 원성군 소초면 흥양 4리. 원주에

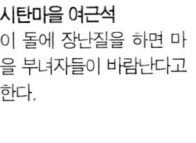

시탄마을 여근석
이 돌에 장난질을 하면 마을 부녀자들이 바람난다고 한다.

서 치악산 구룡사로 가는 길을 따라 4킬로미터쯤 가면 홍양교가 나온다. 다리를 건너자마자 오른쪽으로 꺾어 개천 둑을 따라 2백 미터 가량 가면 여근석이 나타난다. 지름이 2미터쯤 되는 반구(半球)형의 여근석은 둑에 등을 돌리고 개천을 향해 앉아 있다. 뒤에서 보면 엉덩이를 연상케 하는 이 바위는, 시탄마을은 물론 인근 지역까지 소문이 자자하다.

정면으로 돌아가 옥문(玉門)을 마주하니 얼굴이 달아오른다. 아무도 보는 이가 없는데도 심장까지 방망이질한다. 계곡미까지 겸비한 황홀한 여성이 눈부셔 똑바로 쳐다볼 수가 없다. 카메라 셔터를 눌러대는데 마침 수업을 마치고 집에 가던 여학생들이 얼굴을 돌리고 키득거리며 뛰어 달아난다. 이 마을 주민들은 남녀노소 할 것 없이 모두 이 여근석을 알고 있었다.

이 돌에 장난질을 하면 마을 부녀자들이 바람난다고 했다. 마을 사람들은 이 말을 굳게 믿고 있다. 그래서 마을 어른들은 여근석에 장난을 못하도록 감시를 하고 있지만 얼마 전까지도 짓궂은 장난을 한 흔적이 역력히 남아 있다.

지금은 이 여근석이 개천을 바라보고 있지만, 해방 전엔 개천에 등을 두고 둑길 옆 잔디밭에 다리부분을 묻고 있어서 여성을 빼닮았다고 한다. 그 당시에는 이 둑길로 매일 3백여 명의 나무꾼들이 오가며 지겟작대기로 장난질을 했다는 것이다. 그래서인지 마을에 불미스러운 일이 자주 일어났다.

마을에서 5대째 살고 있는 이창섭(70세) 씨도 "바위를 건드려서 꼭 그런지는 몰라도 가끔 마을에 불미스러운 일들이 있었다."고 전한다. 사람 사는 곳에서 남녀간의 문제가 없을 수는 없지만 이 여근석 때문에 흔히 있을 수 있는 남녀문제가 더욱 부각되는지도 모른다.

이창섭 씨의 부친(10여 년 전 작고)이 살아 있을 때는 이 바위에 접근하지 못하도록 바위 주변에 말뚝을 박아 줄을 쳐놓았다. 그리고 장난을 못하게 양철로 뚜껑을 만들어 덮어놓았다. 철옷을 입혀 불한당들의 접근을 막아보려 했던 것이다.

또 10여 년 전엔 화근거리인 여근석을 들어내기 위해 불도저로 건드린 적이 있었는데 너무 무거워 실패했다. 그런데 바위를 건드리고 며칠 뒤 멀쩡했던 마을 여인 한 명이 바람나 가출해버렸다. 그 후로는 이 여근석을 어찌해 볼 생각은 아예 하지 않는다 했다.

군청 마당 구석에 있는 느티나무 남녀근목

원주 시내 원성군청에는 6백 년이나 묵은 남근목이 군민의 아낌

느티나무 남근목
둥치에서 두 갈래로 갈라진 굵은 쪽 가지에 귀두를 위로 향한 채 남근목이 붙어 있다.(왼쪽)

느티나무 여근목
남근목이 힘차게 돌진하려는 방향으로 1미터쯤 떨어진 바로 위에 여근목이 물구나무를 선 듯 거꾸로 서 있다.(오른쪽)

없는 사랑을 받고 있다.

군청 본관건물로 들어서기 직전, 오른쪽 구석 담장 옆에 서 있는 거대한 느티나무는 둥치에서 두 갈래로 갈라진 굵은 쪽 가지에 귀두(龜頭)를 위로 향한 채 남근목이 붙어 있다. 직경이 50센티미터 가량이고 길이가 1.5미터쯤. 팽창할 대로 팽창한 모양을 하고 있는 이 남근목은 무엄하게도 많은 사람들이 드나드는 관청 마당에서 밤낮없이 용을 쓰고 있다.

무슨 조화인지 남근목이 힘차게 돌진하려는 방향으로 1미터쯤 떨어진 바로 위의 나뭇가지에는 여근목이 물구나무를 선 듯 거꾸로 서 있어 더욱 기이하다.

위촌리 개울가의 구신암
구신암의 귀두가 바라보는 방향에서 50미터 떨어진 산 밑에는 여근석이 그 모습을 드러내고 있다.

위촌리 개울가에 있는 구신암

점잖게 불러 구신암(狗腎岩)이지만, 이곳 사람들은 강릉시 유천동과 명주군 성산면 위촌리와의 경계지역을 '개×바위' '×바위 마을'이라고 부른다. 듣기에 민망스러울 정도인데도 이곳 사람들에겐 '개×바위'란 명칭이 조금도 어색하지 않다. 어릴 때부터 익히 들어온 탓이리라. 여염집 아낙네도 "개×바위에 갔다온다."고 서슴없이 말할 정도로 하나의 이름일 따름이다.

길이 2미터, 직경 60~70센티미터 가량인 거대한 구신암은 개천가에 드러누워 고개를 쳐들고 있다. 구신암의 귀두가 바라보는 방향에서 50미터 정도 떨어진 산 밑에는 여근석이 근사한 모습을 드러내고 있다. 여근석의 크기 또한 구신암과 쌍을 이루기에 알맞을 것 같다. 여근석 밑부분에 마르지 않는 샘이 솟고 있는 것도 조화롭다.

이곳 주민들이 몇 년 전 돈을 거두어 구신암이 있는 곳에 '용바위 동산'이란 비를 세웠다. 아무리 생각해도 상스러운 지명이 귀에 거슬리는데다가 자라나는 아이들에게 좋지 않은 영향을 줄 것 같아서라고 했다.

한편 구정리에서 강릉시로 들어오는 길에서 오른쪽 길가의 작은 돌다리를 건너면 신복사(神福寺) 터가 있는 강릉시 내곡동이다.

고려 초기에 지은 것으로 알려진 절은 오래 전에 사라지고 없고 빈 절터에는 보물로 지정된 3층석탑(87호)과 보살좌상(84호)만이 마주보고 있다. 2천 평 남짓한 절터는 입구를 빼고 얕은 언덕산으로 둘러싸여 있다. 절터의 들머리 오른쪽 언덕의 여근석이 명물인데, 이 여근석의 가장 민감한 부위에 굵은 나무가 뿌리를 깊숙이 박고 있다.

어느 입심 좋은 사람이 지어냈는지 이 여근석과 절에 얽힌 고약한 얘기가 전해지고 있다. 이 절이 폐찰된 것은 바로 이 여근석 때문이라는 얘기다. 이 절엔 원래 비구니들만 있었는데 고개만 들면 빤히 쳐다보이는 여근석의 묘한 형상 때문에 마음이 흔들려 모두 절을 떠나버렸다는 것이다.

오봉산 정상의 촛대바위

소양호 유람선이 드나드는 청평사(淸平寺) 뒷산인 오봉산 정상에 우람한 남근석이 하늘을 찌를 듯 우뚝 솟아 있다. 지름 70~80센

오봉산 귀두암
오봉산의 남근석, 귀두, 돌거북의 머리가 소양호를 향하고 있다. 호수는 바로 여성을 의미하니 신기한 일이다.

익살과 해학이 공존하는 성신앙의 현장

티미터, 높이 2.5미터 가량인 이 남근석은 자연 그대로 형성된 것 같기도 하고 일부러 옮겨다 놓은 것 같기도 해 분간하기 어렵다.

바위 꼭대기에 남근석을 괴고 있는 밑돌은 마치 음경처럼 보인다. 남근석 바로 앞에는 거대한 귀두모양의 바위가 돌기해 있다. 또 나루터에서 청평사로 오르는 길 중간지점에는 거대한 돌거북이 머리를 쳐들고 있다. 우연의 일치인지 산정의 남근석이나 그 앞의 귀두, 그리고 돌거북의 머리는 물이 차 있는 소양호 협곡을 향하고 있다. 호수는 바로 여성을 의미하니 신기한 일이다. 사람들은 오봉산정의 남근석을 그냥 촛대바위라고 부른다.

삼척 해신당의 남근 봉납제

신체의 일부분이 경배의 대상이 된다는 사실은 인간성과 신성을 동일시하는 의식에서 비롯된 것이다. 이 같은 의식의 표현, 즉 숭배의식은 생산과 풍요의 소원, 재난의 방어, 개운(開運)의 바람이 된다. 그러나 이곳 삼척 해신당의 남근제는 남근이 곧 신성함을 의미하는 것이 아니라 다만 제물(祭物)의 기능만을 갖고 있을 뿐이다. 남근을 바쳐야 보채던 바다가 조용해진다. 고기도 많이 잡히고 뱃길이 편안해진다.

정월 열나흗날 밤과 10월 첫 말날(午日), 이렇게 일년에 두 번 푸른 바다에 남근을 봉납해온 것이 수백 년인지 수천 년인지를 모른다. 할아버지의 아버지, 또 그 할아버지의 아버지가 한 것처럼 지금도 해마다 두 번씩 마을의 엄씨 서낭당과 해신당(海神堂)에서 남근 봉납제를 올린다.

지난 1981년 음력 정월 열나흗날 저녁. 강원도 삼척에서 남쪽으

해신당 내부
억울하게 죽은 처녀의 원혼을 달래려고 일년에 두 번 남근을 만들어 바친다.

로 70리, 삼척군 원덕읍 길남리, 삼척 근덕의 용화·장호해수욕장에서 2~3킬로미터 정도 가면 신남포구 못 미쳐 길 왼편 곁으로 바다를 안고 낮게 엎드려 있는 신남이라는 조그마한 갯마을이 나타난다. 105가구 5백여 주민이 살고 있다지만 성난 파도와 매서운 갯바람이 후려치고 있는 을씨년스런 날씨라 마을에는 낯선 사람이 와도 멍멍이까지 코를 파묻고 얼씬거리지도 않았다.

그해 남근제의 다섯 제관 중 가장 어른인 터줏대감 황종락(68세) 씨는 얼마나 오래된 바닷제냐고 묻는 질문에 "한 5백 년은 넘었겠지요."라며 얼마나 오래된 지에 대해서는 별로 관심이 없다.

옛날 아주 먼 옛날, 이 마을에 사는 한 처녀가 떼배를 타고 마을 코앞에 있는 미역바위로 미역을 따러 나갔다. 처녀를 미역바위에 내려다준 사공은 고기를 잡으러 더 먼 바다로 나갔다. 처녀는 하루종일 바위에 붙은 미역을 땄다. 해는 떨어졌는데 마을까지 태워

익살과 해학이 공존하는 성신앙의 현장 | 59

다주기로 한 고기잡이 사공은 돌아오지 않았다. 마을이 빤히 건너다 보이는 돌섬에서 사공을 기다리다 처녀는 파도에 휩쓸리고 말았다. 사공은 처녀와의 약속을 잊고 그냥 집으로 돌아갔다고도 하고 난파당했다고도 했다.

그 후부터 이 미역바위를 어둠과 파도에 시달린 처녀가 애꿎게 죽었다고 해서 애바위라고 불렀다. 처녀가 죽은 다음부터 바다에서는 고기가 잡히지 않았다. 게다가 바다에 나간 젊은이들이 풍랑을 맞아 돌아오지 못하는 일이 잦게 됐다. 어느 날, 마을 웃어른의 꿈에 처녀가 현몽을 했다. "나를 모셔라."라는 것이었다. 마을 사람들은 원혼이 그 처녀라는 것을 알았다.

그 후부터 음기가 가장 성한 정월 대보름과 10월 첫 말날〔午日〕에 나무를 정성스레 깎아 만든 남근을 올리기 시작한 것이다.

남근을 올리게 된 이유는 또 하나 있다. 해신당에 열심히 치성을 올려도 고기가 잡히지 않자 어느 젊은 어부가 술에 취해 "빌어먹을 처녀 귀신아, 돼먹지도 않은 게 지랄이냐, 이거나 먹어라." 하고 미역바위를 보고 오줌을 내갈겼다. 이튿날 술이 깬 젊은 어부는 꺼림칙한 마음으로 바다에 나가게 됐는데 난데없이 만선으로 돌아왔다고 한다.

처녀귀신이 젊은 어부의 남근을 보고 만족한 것으로 해석한 것인지 모르겠다. 그 정월 열나흗날 저녁, 105가구 5백여 주민들은 마을과 집 안팎을 깨끗이 청소하고, 이날만은 말과 몸가짐을 조심한다. 태어난 날이 보름날과 잘 어울리는 다섯 사람을 골라 제관으로 뽑는다. 제관의 집에는 닷새 전부터 금줄을 쳐둔다. 마을 들머리 바깥 서낭당(수서낭당, 엄씨 서낭당)과 애바위 처녀귀신을 모신 해신당(암서낭당)에도 금줄을 친다. 다섯 사람의 제관, 닷새 전 금줄 등 다섯이란 숫자는 말의 날인 말 오(午)의 발음과 같은 숫자 다섯에 의미를 둔 것인지 모른다.

제관은 찬물로 목욕재계하고 열나흗날 저녁 제즛집에 모여 남근을 깎기 시작한다. 남근은 제관만이 깎는다. 작년의 경우는 향나무를 깎았지만 금년에는 오동나무를 깎았다. 소나무를 깎기도 한다. 개수는 그때 그때 사정에 따라 다섯 개나 일곱 개, 아홉 개 등 홀수로 정한다. 올해는 다섯 개를 깎는다. 남근의 귀두와 오줌구멍까지 정교하게 살렸으며 굴비엮듯 왼 새끼로 엮는다. 희고 매끄럽게 빛나는 것이 그럴싸했다. 정갈하게 음식도 장만한다.

검은 바닷빛 때문인지 푸르디푸른 대보름달은 미역바위와 마을만을 더 밝게 비추는 것 같다. 파도는 여전히 미역바위를 사정없이 후려쳐 흰 물거품을 풀어 올리고 있다. 자정이 지났는가 싶으니 제관들은 일제히 마을 들머리의 서낭당으로 오른다. 들머리의 이 서낭당은 엄씨 서낭당으로, 옛날 이곳에 처음 마을을 이룬 씨족이 엄씨들이라 해서 자연 이렇게 부르게 되었다. 엄씨 서낭당에서 먼저 제를 올렸다.

새벽 2시 반. 이번에는 남근 묶음을 앞세우고 마을 북쪽 바닷가 벼랑 끝의 해신당으로 올랐다. 해신당 언덕을 오르는 그들의 눈빛에는 외경과 신성함이 가득했다. 제주가 수백 년 묵은 해신당 향나무 가지에 남근을 거는 동안 네 제관들은 정성을 들여 강신(降神) 재배(再拜)를 했다. 머리를 풀고 칭얼대던 바다가 옥문을 여는 순간이다.

독축(讀祝)과 배례(拜禮), 그리고 해신당 앞 서낭나무에 남근 봉납이 끝나자 마을의 가구 수대로 105장의 소지(燒紙)를 올리기 시작한다. 보름날 밤, 주민들은 알고 있다. 제관들이 밤을 밝히며 그들의 일년 기원을 일일이 소지로 올린다는 사실을.

"애기 서낭님(해신당) 전에 소지 올리나이다. 부디 가는 고기 눈 감기고 오는 손을 치워주고 고기 많이 잡히도록 해주십시오. 그리고 동네 재산도 많이 들어오도록 점지해주옵시고 무사태평하게 해주십시오. 그저 이 마을의 어민들은 모두 서낭님 덕택에 살아가오니 잘 응감하셔서 바다에 나가면 그저 탈없이 배가 왔다갔다하고, 바람 순조롭게 잘 다니도록 해주시고……."

해신당의 해랑님한테 올리는 주문은 갯가의 어민들답게 웃음이 나올 정도로 소박하다. 제관들 손끝에 접힌 소지가 촛불에 닿자 주먹만한 어둠을 활활 사르며 말려 올라간다. 가장 순수한 형태의 촌락 공동체로서 드물게 남아 있는 집단적 삶을 소지 105장은 아주 잘 증명하고 있다.

주민들은 바다가 다섯 남근과의 고요하면서도 질펀한 교접 중에, 다섯 제관이 올리는 주문을 베갯머리 송사처럼 달콤하게 받아들일 것이라고, 분명히 감응할 것이라고 믿고 있다.

추위에 아랑곳하지 않고 해신당 사당에 걸린 오동나무 남근에서는

해신당 향나무
제주가 수백 년 묵은 해신당 향나무 가지에 남근을 거는 동안 네 제관은 정성을 들여 강신 재배를 한다.

금방 정액이라도 뚝뚝 떨어질 듯한 달밤이었다.

새벽 4시께. 소지가 끝나면 마을로 돌아와 새벽잠이 없는 노인들을 깨워 제주집에 모신다. 제사 음식을 같이 음복(飮福)하는 것으로 남근제는 끝난다.

교접을 마쳤는가. 새벽 바다는 나른한 잠 속으로 떨어진 듯 잔잔하다. 다시 붉은 해가 바다를 뚫고 떠오르고 있다. 이제 바다는 많은 알을 품으리라.

동해 갯가 사람들은 해랑신을 동해의 여신으로 믿고 있다. 또한 풍랑과 흉어가 해랑신의 해꼬지라고 믿고 있다. 그래서 갯가에는 해랑의 여신상을 모시는 사당이 많다. 그 사당에 나무로 깎아 만든 남자의 생식기를 바치는 풍습이 오랜 옛적부터 있었다. 이곳 사람들은 골막이를 남신으로 믿기 때문이다.

강릉에 이웃해 있는 강문동에는 해랑의 여신상을 모신 서낭당이 있다. 동구 앞 논 가운데에는 짐대(솟대)를 세워두고 있다. 이 같은 풍속은 물론 전설에 바탕을 둔 것이다. 억울하게 죽은 처녀의 원혼이 동해의 신이 되어 해랑신으로 군림하게 되었다는 생각이다.

어떤 지역에서는 매년 남자의 생식기를 깎아 바치기가 번거로워 근방의 남신을 골막이로 모셔다 해랑신과 결혼시키기도 했다. 그 뒤부터는 남근을 바칠 필요가 없게 되었다. 오히려 어떤 사람이 남근을 만들어 바치고 나서 화를 입어서 죽게 되었다고 했다. 결혼한 해랑신에게 또다시 남근을 바치는 것은 간통을 뜻하기 때문

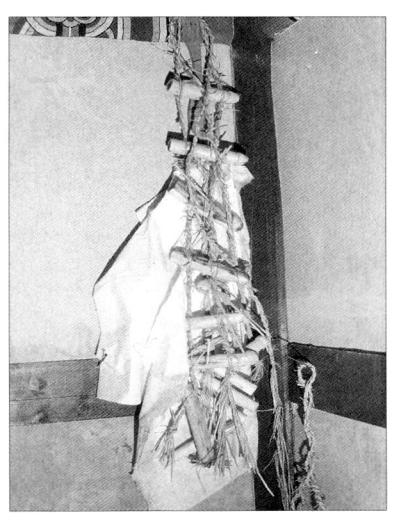

해신당에 모셔둔 남근목
매년 남자의 생식기를 깎아 바치기가 번거로워 근방의 남신을 골막이로 모셔다 해랑신과 결혼시키기도 한다.

에 노여움을 샀다는 것이다.

　삼척 해신당이 자리한 신남마을은 지형 자체가 육지 쪽에서 바다 쪽으로 말의 양물(陽物)처럼 길쭉하게 돌출한 남쪽 갯가에 자리 잡고 있는 마을이다.

　하늘에서 보면 완전히 팽팽하게 성을 낸 남근이 방파제처럼 바다에 쑥 밀고 들어와 있는 형국이다. 양물의 끝쪽이 절벽을 이루고 그 앞바다에 돌섬이 있다. 옛날에 일부러 세웠겠지만 이 벼랑 끝쪽에 향나무를 심고 그 향나무 앞에서 해신제를 지내왔다. 지난 1986년 향나무 앞쪽에 조그마한 해신각을 세우고 제각 안에 해신상을 모셔놓았다.

　신남마을 사람들이 살고 있는 지형이나, 삶의 방법이 해신을 달래고 풍어를 비는 방법으로 이 같은 남근제를 올리는 것이 아주 자연스럽게 자리잡은 것 같다.

쉰 개의 우물이 있어 쉰움산

　두타산(1,353미터) 중턱에 쉰움산이 있다. 동해시 무릉계곡과 삼척군 미로면의 경계인 곳이다.

　쉰움이란 오십정(五十井), 즉 쉰 개의 우물을 뜻한다. 쉰 개의 자연 우물이 있다는 쉰움산 정상은 예로부터 산신제가 유명했다는 기록이 여러 곳에서 나타난다. 《동국여지승람》과 《여지도서(輿地圖書)》 《척주지(陟州誌)》 등에 나타난 기록은 두타산에 두타산사(頭陀山祠)가 있어 봄 가을로 제사를 드리며 날씨가 가물면 기우제를 지낸다고 되어 있다. 그러한 기록이 아니더라도 오래 전부터 무속신앙이 성행했고 지금도 수많은 치성객들이 기복과 기자를 빌고 있다.

한반도의 모산(母山)인 태백산 일원에 대해 지속적인 관심을 쏟고 있는 삼척공전의 향토사학자 김일기(金馹起) 교수는 두타산을 중심으로 한 민속신앙과 민족의식의 풍요성을 강조한다.

김교수는 백두산의 천지(天池)를 양(陽)이요 부성(父性)으로 볼 때, 태백산의 황지(黃池)는 음(陰)이요 모성(母性)이라 했다. 태백산 일원은 예로부터 모산의 역할을 담당해왔다. 천년병화 불입지지(千年兵火 不入之地)로 알려져, 온갖 변란과 전화에도 불구하고 한 번도 병란의 피해를 당한 적이 없으며 오히려 정변에 쫓긴 사람들의 피난처였다는 것이 정설이다.

모든 산이 백두대간을 중심으로 뻗어내리다가 태백산에 이르러 집대성되고 다시 온갖 방향으로 흘러나간다. 한강과 낙동강 등 큰 강의 발원지도 태백산이 품고 있으니 온 산과 온 강의 어머니가 되는 셈이다.

이와 같은 태백산군(太白山群)을 한눈에 조망할 수 있는 곳에 두타산이 있어 조선조 이전부터 숱한 민간신앙의 구심지가 됐다는 것이다.

고려 충렬왕 때 《제왕운기(帝王韻記)》를 지은 이승휴가 이곳 두타산 기슭에 머물며 민족의 조상이 단군왕검임을 주장했으며, 조선조 5백 년의 위업을 이룬 이성계의 6대조 묘 준경릉(濬慶陵) 또한 이 두타산록에

쉰움산의 우물
쉰움이란 오십정(五十井), 즉 쉰 개의 우물을 뜻한다.

있다는 것도 우연의 일치만은 아닌 듯하다.

3·4월이면 전국에서 몰려오는 치성객

삼척 미로면 내미로리 마을로 들어섰다. 좁은 계곡을 따라 백여 호의 농가가 늘어선 내미로리 버스 종점은 마을 끝에서 구멍가게를 하고 있는 심성황(48세) 씨의 집마당이다. 아들 넷을 둔 김씨부부는 학교다 직장이다 하여 모두 객지에 나가 있는 자식들과 떨어져 외롭게 살고 있다. 쉰움산에 대해 얘기를 꺼내자 아주 대단하다는 듯이 말한다.

"지금은 추운 겨울이라서 그렇지만 3, 4월만 되면 많은 사람들이 전국 각지에서 찾아옵니다. 산중턱에 있는 은사암을 산당이라 하고 쉰움산을 원당이라 부르는데 몇 해 전까지는 수천 명이 기거하던 곳입니다."

내미로리 주민들도 쉰움산 기슭의 천은사(天恩寺)와 함께 산당을 많이 찾는다고 한다. 심씨 부인도 가끔 올라간다면서 만일 군청 산림계에서 산불 방지를 이유로 치성객을 막지만 않는다면 대단한 인파가 몰릴 것이라고 덧붙였다. 사실 지난 1978년 전국 무속타파 정화작업이 있기 전까지는 쉰움산 일대엔 없는 것이 없을 정도였다. 수백 명의 치성객들이 산 주위에 통나무집이나 움막을 지어놓고 오랫동안 머물렀고, 매일 산을 찾아 몰려드는 인파가 수천 명을 헤아렸다. 따라서 삼척에도 없는 음식이나 물건일지라도 쉰움산에는 있었다는 것이다.

그런데 산불 예방과 미신타파를 이유로 군청이 단속을 시작했다. 쉰움산 일대에 난립한 건물들을 철거하고 온갖 치성물들을 때려 부셨다. 이런 방해에도 불구하고 아직껏 무당의 푸닥거리가 그칠 날이 없는 곳이다.

이승휴가 머물며 불서를 읽은 천은사

삼척에서 택시로 40분, 삼척군 미로면 내미노리에서 쉰움산으로 올라가는 산 어귀에 천은사가 있다.

천은사는 이곳에서 가까운 활기리(活耆里)의 준경릉(濬慶陵)을 수축했던 광무 3년(1889년) 당시 공로가 많아 붙여진 이름이고, 창건될(신라 경덕왕 17년) 때엔 백련대(白連臺)로, 고려 때는 간장암(看藏庵)으로, 조선조 때 흑악사(黑岳寺) 등으로 불렸다.

고려 때의 명칭 간장암(看藏庵)이란 이승휴와 관련된다. 간장(看藏)이란 이승휴가 이곳에 머물며 10여 년 동안 불서(佛書)를 독파한 후 붙였다는 이름이다. 이승휴와 쉰움산의 관계는 《동안거사문집(動安居士文集)》 등에 나타나 있다. 그가 현재의 내미로리로 추정되는 구동(龜洞)에서 지낸 기록이다.

《동안거사문집》에 나타난 이승휴의 족적을 살펴보자. 그는 스물아홉 살 때 급제하고 두타산 기슭 편모 슬하에 돌아왔을 무렵 몽고의 침략을 받았다. 이민족의 지배를 받는 동안 관직에도 진출했고 원나라와의 외교에서도 수완을 발휘했으나, 강직한 성품으로 벼슬을 오래 못하고 두타산 구동에 돌아와 전원생활을 시작했다. 이때부터 동안거사(動安居士)로 자처하고 용안당(容安堂)에 은거하면서 삼화사(三和寺)의 불서를 10년 간 독파했다. 이런 생활 속에서 단군왕검을 정점으로 한민족의 정통사(正統史)를 정립한 《제왕운기》라는 민족 대서사시가 탄생한 것이다. 단군을 정점으로 충렬

왕까지의 단일민족 정통사를 밝힌 《제왕운기》는 천신과 산신을 믿는 민속신앙을 배경으로 탄생되어, 몽고 이민족과는 절대 동화될 수 없다는 민족정기를 확립한 것이다. 이승휴는 몽고라는 이민족의 지배를 물리치려면 한민족의 주체성과 정통성에 대한 자각이 절실함을 깨닫고 이 책을 충렬왕에게 건의, 전국의 관리들에게 읽히도록 했다.

그가 죽기 전 용안당을 간장암(看藏庵)이라 바꾸고 약간의 토지마저 희사했으니 이곳이 천은사였다.

천은사는 비록 6·25전쟁으로 전소되고 현재의 건물은 지난 1982년에 새로 지은 것이지만 아직도 신라 고찰의 품격을 지니고 있다.

무수한 돌탑이 세워진 은사암

산죽(山竹)이 우거진 오른쪽 길을 따라 시간 반쯤 오르면 치성객들이 왕래하던 흔적이 눈에 띄기 시작한다. 길섶의 나뭇가지에 묶인 청색, 황색 헝겊조각들이 사방에서 너풀대는 것이다. 무수한 돌탑이 사방에 세워져 있고 나뭇가지마다 실타래와 한지를 걸쳐놓았다. 바위 구석구석엔 양초와 향이 흩어져 있다.

대충 헤아려봐도 수천 개의 돌탑이 정교하게 쌓여 있다. 규모가 큰 것은 1978년 전국 무속타파 정화단속 때 허물어졌는지 돌무더기가 계곡을 메울 정도다. 오랜 세월을 두고 한 가지의 소원과 한 가지의 한(恨)과 사무침이 쌓여 이 수많은 돌탑이 완성되었음을 생각할 때 놀라지 않을 수 없다.

한 개의 돌탑은 줄잡아 수백 개의 돌이 정교하게 맞물리면서 쌓여 있다. 크기의 차이는 있지만 그 모습은 비슷하다. 최근에 만들어진 것이 아니라 아주 오래 전에 만들어진 것이다.

이곳이 이와 같은 민속신앙의 구심지(球心地)로 형성된 것이 혹시 이승휴가 천은사에 기거하던 시절 이전부터가 아닐까 추측해본다.

은사암에서 쉰움산까지는 발닿는 곳마다 돌탑이 순례자의 행렬을 보듯 줄을 잇고 있다.

쉰움산 능선을 넘는 세찬 바람

쉰움산 정상엔 바람이 심하게 불었다. 낯선 침입자를 거부하듯 동해의 거친 해풍이 무릉계곡을 거칠게 뒤흔들어 놓은 뒤 쉰움산 능선을 넘어왔다. 허리를 못 펼 만큼 강한 바람이었다.

크고 작은 구멍마다 괸 물이 얼어붙어 있어 바위의 요철이 분명하진 않았지만 특이한 지형임을 알 수 있다. 쉰 개의 우물이라지만 2백 개는 더 될 것 같다. 손바닥만한 것에서부터 큰 것은 멍석만하다. 김일기 교수는 오십정이 여곡(女谷, 우물같이 움푹움푹 패인 알터)을 상징하는 것이라고 설명한다. 동해안 일대에 퍼져 있는 남근 숭배사상은 오십정의 여곡과 그 주변의 남근석이 조화를 이루는 가운데 점차 해안으로 퍼져나간 것으로 해석하는 것이다. 오십정 옆에는 무수한 바윗돌을 쌓아 제단의 모습을 갖춘 특이한 돌무

다양한 모양의 오십정
크고 작은 구멍마다 괸 물이 얼어붙어 있어 바위의 요철이 분명하진 않았지만 특이한 지형임을 알 수 있다.

리가 여러 개 있다. 개인적으로 만든 작은 제단도 있지만, 주목할 것은 그 규모가 큰 대형제단이다. 돌 하나 하나가 남성을 상징하듯 수없이 놓여 있고 그중 잘생긴 돌에는 화환을 걸듯 실타래가 둘러 있다. 향을 피우고 촛불을 켰던 흔적이 생생하고 소주병과 집기들이 있는 걸로 봐서 최근에 치성을 드렸음이 분명하다. 무엇을 빌었고 무엇을 숭배했든 간에 이 제단이 두타산 정상이 가장 잘 올려다보이는 자리에 위치하는 것으로 보아 두타산 신령 또는 천신을 향한 천제단이었던 것으로 생각된다.

쉰움산 능선 주변에는 집터도 많이 남아 있다. 두타산사(頭陀山祠)가 있었다는 이곳을 중심으로 많은 사람이 거처했던 그림자다. 단속에 의한 철거로 현재는 한 채도 남아 있지 않지만, 터를 닦고 구들을 놓은 곳이며 우물 등이 선명하게 당시의 상황을 설명해준다. 수많은 남근석들을 쌓은 천제단에서 두타산 쪽으로 1백여 미

쉰움산 정상
예로부터 산신제가 유명했다는 기록이 《동국여지승람》《여지도서》《척주지》 등에 나타난다.

터 떨어진 곳에 기자암(祈子岩)이 우뚝 서 있다. 오십정의 여곡과 대칭을 이루는 기자암은 남근형상의 바위가 무리를 이루고 있어 김교수의 추측을 뒷받침한다.

두타산 신령에게 치성을 드리는 일을 이곳 사람들은 산메기라 했다. 산메기가 언제부터 시작됐고 또 언제까지 계속될지 알 수 없다. 다만 두타산 천제단은 백두대간에 남아 있는 기층문화의 현장임에 틀림없다.

태백산의 정기를 받은 남근석

태백산 정기를 받은 남근석이다. 이 남근석을 세우기 위해 모든 마을 사람들이 강과 시내를 뒤져 잘생긴 강돌을 주워다 제단 형식의 돌무더기를 꾸몄다. 남근석 형태 하나만 놓고 봐도 수석 수집을 하는 사람이 기절초풍할 만큼 명품이다.

고통받는 사람에게 서낭[城隍]은 정신적인 지주이다. 몇 년을, 몇 달을, 며칠 밤을 망설이다가 남 몰래 정한수 한 그릇과 과일을 놓고 소원을 빈다는 것은 약한 인간이 무엇엔가 매달릴 수밖에 없을 때 하는 일이다. 아이가 많은 사람에겐 아이는 귀찮고 골치아픈 존재이겠지만 아이가 없는 부부에겐 대를 잇는 아기를 갖는 것 이외에는 다른 소원이 없다.

언제나 찾아가 간절히 기원할 수 있는 서낭당은 그래서 바로 우리의 성지(聖地)이다. 우리들의 할머니, 또 할머니의 할머니는 이 서낭당에서 간절히 염원을 해 자식을 낳고 길렀다.

강릉에서 남쪽으로 10여 킬로미터 떨어진 명주군 구정면 구정리에 가면 우람하고 키가 큰 적송숲 아래 돌담으로 둘러쳐진 담 안에 어디서나 볼 수 있는 서낭당이 있다. 서낭당 뒤쪽 적송 사이로 멀리 태백산의 줄기인 오봉산(541미터)과 대관령이 우뚝 솟아 있다.

오봉산 줄기가 동으로 내려오다 산세가 멈춘 곳에 서낭당은 말없이 서 있다. 서낭당만 보고 돌담 안으로 들어가면 뒤쪽 돌무더기 위에 우람하게 버티고 서 있는 남근석을 보지 못한다.

서낭당을 중심으로 높이 1.5미터의 돌담이 빙 둘러싸고 있는데, 서낭당 바로 뒤에는 긴 지름이 5미터, 짧은 지름이 3.5미터, 높이 2미터가 넘는 타원형의 돌무더기가 있다.

돌무더기 맨 꼭대기에 높이 1미터, 귀두의 지름이 26센티미터 정도, 고환이 있는 뿌리 쪽의 지름이 30센티미터 가량 되는 자연남근석이 하늘을 뚫을 듯 꼿꼿하게 서 있다. 서낭당 안에서 나와 밖에서 봐야 확실히 볼 수 있다.

자연석인 남근석은 자세히 보면 매봉산에서 나온 청석이다. 남근석을 받치는 돌무더기의 크고 작은 돌들은 모두가 하천에서 나오는 강돌이다. 태백산의 정기를 받은 남근석을 세우기 위해 마을 사람들이 강과 시내를 뒤져 잘생긴 강돌을 주워다 제단 형식의 돌무더기를 꾸민 것으로 전국 어디에서도 볼 수 없는 특이한 형태이다.

오래 전부터 이 서낭당과 남근석을 눈여겨봐온 강원도 문화재위원 이춘영(李春影, 87년 작고) 씨는 강원도만이, 태백산록 속에서 사는 사람들만이 창조할 수 있는 보배라고 강조했다.

아직은 확실히 고증할 수 없으나 돌무더기와 남근석의 연대는 고려 때까지 거슬러 올라갈 수 있으리란 게 이씨의 추정이다. 처

강릉의 남근석
자연석인 이 남근석은 자세히 보면 매봉산에서 나온 청석이다.

익살과 해학이 공존하는 성신앙의 현장 | 73

음에는 남근석을 중심으로 돌담을 쌓고 그 속에서 바로 남근석을 서낭으로 삼은 것이 조선조에 내려오면서 남근석 바로 앞에 서낭당을 별도로 지은 것으로 보고 있다.

"양반을 찾는 유학자들이 노골적으로 내놓고 있는 남근을 보고 치성드리는 것을 못마땅해 했겠지요. 그러니 그 앞에 서낭당을 지어 살짝 가린 것 같아요."

서낭당 안에는 떡시루 3개와 잔 15개 등이 깨끗이 정돈되어 있다. 양 옆에는 '후토지신위(後土地神位)' 등 제사 때 쓰여진 지방이 여러 개 걸려 있었다.

지금도 삼척 등 해안을 낀 마을에서 해신(海神)의 노여움을 막기 위해 나무를 깎아 만든 남근을 매달아 제를 올리기는 하지만 태산준령의 들머리인 산 쪽에서 남근석 서낭을 만든 것은 정말 특이한 일이라고 했다.

이춘영 씨와 함께 마을 사람을 찾아가 물어보니 서낭당은 알아도 남근석에 대해서는 고개를 갸웃거렸다. 예전엔 음력 정월과 10월, 일년에 두 차례씩 마을 사람들이 모두 모여 제사를 지냈으나 요즘은 10월에 한 번만 지낸다고 했다. 지난 11월 6일(음력 10월 5일)에도 마을의 노인 몇 사람이 모여 제사를 올렸다는데, 제주였다는 그 노인은 출타중이라 만나지 못했다.

이춘영 씨는 이 서낭당 입구에 있는 몇 그루의 적송(赤松)이 예사 소나무가 아니라고 했다. 이 소나무 또한 강릉의 자랑이라는 얘기다.

120년 전 대원군이 경회루를 지으면서 전국의 질 좋은 소나무를 고를 때 이곳의 소나무가 물망에 올랐다. 당시 대궐을 짓기 위해

구정리에 있는 남근당
태산준령의 들머리인 산쪽에서 남근석 서낭을 만든 것은 정말 특이한 일이다.

쓰이는 소나무는 길이가 몇 자, 둘레가 몇 자로 정해져 있었다. 이곳의 주민들은 영락없이 베일 운명에 놓인 이 소나무를 살리기 위해 머리를 맞대고 연구를 했다. 1미터만 길이가 짧으면 벌목 대상에서 빠질 수 있다는 것을 알고 며칠 밤을 세워 소나무밭 일대를 높이 1미터 가량의 흙으로 축대를 쌓아 소나무의 키를 낮춰버렸다. 그래서 간신히 벌목 대상에서 빠지게 된 것이다.

"소나무가 잘리고 안 잘리는 게 문제가 아니지요. 산골사람에 불과한 당시 선조들이 갖고 있던 자연과 나무에 대한 깊은 애정을 우리는 배워야 합니다."

돈이 된다면 전후 사정없이 무조건 베어버리는 사람이나 좋은 돌이라면 남의 무덤돌도 빼내는 수석수집가의 눈에 띄기 전에 이곳을 강릉의 성지로 생각하고 강릉인 모두가 아끼고 돌봐야 할 것이라고 했다.

　서낭당 기와집이 세워지기 전에는 아침이면 동해의 햇살을 받은 남근이 붉게 돌기해 그 위용을 자랑했을 터이다. 지금은 서낭당에 가려 아침 햇살보다는 서쪽으로 지는 석양의 햇살을 받는 남근은 그 색깔이 시시각각 달라지고 있었다.

음양사상으로 풀어보는 남녀성석의 의미

조자용(에밀레 박물관장)

옛날 사람들은 우주의 창조와 운행이 음양의 결합으로 이루어진 다고 믿었다. 그래서 하늘과 땅의 관계를 생각할 때도 천부지모(天父地母)라고 해석했고, 지상의 자연에 대해서도 산천운우(山川雲雨)하는 식으로 표현했다. 신비스러운 인간의 출생도 예외는 아니어서 음양원리에 따라서 창조되는 것으로 믿었다. 이러한 음양관은 동양철학의 기본을 이루었고, 평범한 일상생활에서도 모든 사람들의 마음을 절대적으로 지배해온 우주의 큰 원리가 되었다.

사람이든 짐승이든 귀천을 막론하고 음양의 원리를 공평하게 체험할 수 있는 유일한 행위는 바로 남녀의 음양행위인데, 인간의 지성은 이것을 음양화합이라 하여 창조를 위한 거룩한 행위로 인식했고, 속성은 쾌락을 위한 쌍짓으로 생각했다.

엄숙함과 즐거움, 점잖은 면과 익살스러운 면, 굳어진 상태와 풀어진 상태가 병행되는 가운데서 음양행위는 계속되어 왔고, 음양행위에 대한 신앙적·예술적 표현이 인류문화사 속에서 엄연한 자리를 차지해왔다. 그러한 표현은 남근숭배와 여근숭배로 구체화되

도봉산의 5봉
거대한 여근봉이 그 모습을 뽐내고 있다.

고 그 신앙을 조형적으로 표현한 것이 음양미술이다. 음양미술은 지역적, 민족적으로 각기 그 특색을 나타내면서 발전해온 또 하나의 문화사적 기록이라고 하겠다.

남근신앙은 남근미술을, 여근신앙은 여근미술을 탄생시켰다. 원시적인 남근 상징물은 남근과 같이 생긴 자연석이나 거칠게 다듬어진 장대석을 세운 상태로 나타나 있다. 이런 것은 학명으로는 입석(立石), 민간에서는 선돌이라고 불린다. 때로는 자연 입석에 약간 인공이 가해진 경우도 있다.

가평(加平) 용소마을의 미륵바위, 경주 남산의 기자암(祈子岩), 이화여대 뒷산의 선돌, 삼막사(三幕寺)의 부부석, 천안의 부부석, 경남 산청의 부부석 등은 남근을 닮은 자연석 선돌의 대표적인 자료들이다. 입석이란 이름을 가진 바위로서 가장 규모가 큰 것은 속리산 입석대에 우뚝 서 있는 7미터 높이의 자연 입석일 것이다.

남근석 자료와 병행하여 여근석의 유물도 많이 전해지고 있다. 도봉산 제4봉은 누가 보든지 조물주가 만든 거대한 여근봉이련만 세상에 잘 알려지지 않았다. 또 하나의 큰 자연 여근은 경주의 여근곡(女根谷)이다. 신라 시대 때 여근곡 근처에 잠복한 백제 복병을 습격하기에 앞서서 '남근은 여근 속에 들어오면 죽는 법'이라고

《삼국유사》에 기록된 선덕여왕의 명언은 여근곡에 얽힌 멋진 이야기라고 하겠다. 또한 인공적인 자료로서 한국 전통의 묘지조성을 들어보면 그 형태가 여근과 흡사하다는 점을 쉽게 느낄 것이다.

꾸준하게 찾아다니다 보면 '알바위', '공알바위', '용알바위' 등으로 불리우는 여근석을 전국 도처에서 발견하게 되며 그러한 바위와 기자에 얽힌 민속자료도 수없이 터져나온다. 그리고 알바위 중에서도 여근형으로 생긴 자료가 많이 남아 있다.

선돌이나 알바위는 단독으로도 나타나고 한 쌍으로도 나타난다. 선돌이 서 있는 언덕 건너편에 알바위가 자리잡고 있는 경우가 많다. 한국 전통미술의 멋이 바로 인간의 나체상에서부터 시작된다는 점이 드러나기 시작한다. 국립박물관소장의 신라 시대 주형토기를 자세히 들여다보면 벌거벗은 뱃사공 남근이 머리만큼이나 큼직하게 나타나 있어서 웃음이 터져나온다.

남근이나 여근은 후세의 민간공예품 속에도 많이 나타나는데 이중에서도 국수틀이나 떡판은 실제 사용할 적에 신바람이 나서 떡타령·국수타령까지 곁들여 한바탕 흥풀이가 벌여지기도 하니 멋진 음양구라고 할 수 있다.

보다 노골적으로 장난을 부린 공예품에는 남근형을 본떠서

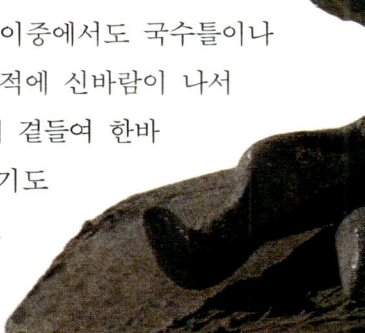

신라 시대 토우
무덤의 부장품으로 항아리에 장식된 것이다. 당시의 성기 숭배사상을 엿보게 한다.

만든 약절구 방망이나 호랑이를 남근형으로 비틀어서 만든 베개 같은 명품이 있다. 또 고대(鼓臺)로 쓰여지는 목사자에는 반드시 발기한 남근이 새겨져 있을 뿐 아니라 사자의 전신이 남근형으로 암시된 작품이 많다. 전주 시립박물관 소장의 목고대가 그 대표적인 명작이다. 때로는 장승머리를 남근형으로 만든 것도 있고, 돌하루방의 후면도 남근형으로 보인다.

대체로 한국전통의 음양미술은 남근이나 여근, 혹은 교합상을 은근하게 암시하면서 익살을 부리는 점에 멋이 있고 그것이 가장 뚜렷한 특징이라고 할 수 있다. 신성한 상징관과 익살맞은 장난이 공존하고 있는 상황은 꼭 무당의 굿판에서 종교의식과 홍풀이가 병행하는 상황과 일맥상통한다. 민족문화의 주체성을 추구하는 마당에서 음양미술의 전통자료는 매우 중요한 역할을 하게 되며 그 자료의 수집과 정리는 중요시되어야 하는 문제다.

3장 – 충청 지역

아득한 선사 시대부터 있어온 선돌

기억을 되살리느라 한참 동안
애를 쓰던 할머니는 "내가 갓 시집왔을 때
밭을 부치던 사람이 농사일에 방해된다고
바위를 빼내려다가 혼이 난 적이 있지."
하고 말문을 연다.
바위에 손을 댄 며칠 후
그 집안 겨자 한 사람이 미쳐버렸다.

충청 지역
아득한 선사 시대부터 있어온 선돌

　우리나라 성신앙의 역사는 아득한 신석기 시대까지 거슬러 올라간다. 충남 옥천에서 발굴 조사된 '배부른 선돌'이 5천여 년 전의 것으로 밝혀져 이 같은 사실을 뒷받침해주고 있다. 선돌은 신석기 시대의 거석(巨石) 기념물의 하나로 큰 자연석을 수직으로 세운 것을 말한다. 선사 시대의 우리 조상들은 이처럼 선돌을 세워 영원한 자손의 번성을 간절히 빌어왔다. 어쩜 그 덕택으로 오늘날의 번영이 이룩된 것인지도 모른다.

가구리와 신송리의 남근석
　서산군 고북면 가구리와 신송리에 가면 사람 크기만한 남근석이 하나씩 서 있다. 서로 이웃하고 있는 두 마을의 남근석은 크기나 모양이 비슷하다. 서산에서 29번 국도를 타고 홍성 쪽으로 내려가면서 해미면을 지나 7킬로미터 가량 더 내려가면 국도 왼쪽에 자리잡고 있다. 칠성바위라고도 불리는 가구리의 남근석은 밭 한가운데 하늘을 찌를 듯 기세 당당하게 우뚝 서 있다. 높이는 1.8미터

가구리의 칠성바위
밭 한가운데 하늘을 찌를 듯 기세 당당하게 우뚝 서 있다.

쯤으로 한아름 굵기다.

   남근석 옆에서 밭일을 하고 있는 노인에게 끈질기게 물어봤지만 본체만체 묵묵부답이다. 그 대신 올해 아흔이 된다는 할머니가 살고 있는 집을 찾아가보라고 일러준다. 성이 김씨라는 할머니의 집은 남근석이 있는 밭 가까이 있었다. 열일곱 살 때 이 마을로 시집온 할머니는 바위를 정성껏 위하면 만사가 형통하다는 소리를 집안 어른들에게 들어왔을 뿐 전설 같은 것은 잘 모른다고 했다. 기억을 되살리느라고 한참 동안 애를 쓰던 할머니는 "내가 갓 시집 왔을 때 밭을 부치던 사람이 농사일에 방해된다고 바위를 빼내려다가 혼이 난 적이 있었지." 하고 말문을 연다.

바위에 손을 댄 며칠 후 그 집안 여자 한 사람이 미쳐버렸다. 그래서 넘어뜨린 바위를 도로 세워놓은 뒤 밥을 떠놓고 비는 등 법석을 떨었다는 얘기다. 그런 일이 있은 뒤 아무도 이 남근석에 손을 대지 않았다는 것이다.

신송리의 남근석은 국도 옆 산기슭 묘 옆에 비스듬히 서 있다. 거무칙칙하게 잘생긴 이 남근석에 대한 얘기를 들려줄 사람은 아무도 없었다. 주민들은 남근석에 대해 관심조차 없는 듯했다. 하지만 조상들이 대대로 신경을 써온 바위를 아무렇게나 다루지는 않는다고 했다.

해미면 조산리 미륵바위

선돌은, 처음에는 손질되지 않은 자연석을 세워놓고 신격화하는 자연숭배적 신앙이었다가 점차 사람의 형상으로 만들어 숭배하는 인격화된 신앙으로 변해왔다. 흔히 주변에서 볼 수 있는 미륵이나 돌장승 등도 결국 선돌과 같은 맥락으로 이해할 수 있다.

서산군 해미면 조산리에 있는 미륵은 보면 볼수록 남성형이다. 앞쪽도 그렇지만 뒤에서 보면 아주 잘생긴 남근석이다.

마을 이장 최정환(53세) 씨에 의하면 이 미륵에 정성을 들인 한 주민이 부자가 되어 서울로 갔는데 매년 내려와 이 미륵에 정성을 기울인다는 것이다. 높이는 2미터로 논 옆에 있는데 자세한 내력은 밝혀지지 않고 있다.

선돌마을과 화산마을의 남근석 공방전

보령군 주산면 동오리는 마을 이름부터 '선돌마을'이다. 마을 앞에는 지팡이바위로 불리는 남근석을 중심으로 30~40미터 떨어진 곳에 마당바위·삿갓바위·방귀바위 등이 흩어져 있다.

마을 이장 이병모(49세) 씨가 전해주는 남근석에 얽힌 전설이 무척 우스꽝스럽다. 옛날 한 장수가 마을 북쪽에 있는 왕봉산에서 마당바위를 안고 마을 남쪽의 멍덕산으로 날아가게 되었다. 그런데 이 마을 위를 지날 때 우레소리 같은 방귀를 뀌고 놀라는 바람에 안고 있던 바위와 함께 쓰고 있던 삿갓·지팡이를 떨어뜨렸고, 그것이 지금 마을 앞에 흩어져 있는 바위들이란 얘기다.

지팡이바위와 삿갓바위는 마을 앞길 건너편에 있고 마당바위와 방귀바위는 길 안쪽에 있다. 직경 70센티미터에 높이 2.5미터쯤 되는 지팡이바위는 우람한 남근형이다. 30미터쯤 거리를 두고 논

선돌마을 지팡이바위
2.5미터쯤 되는 우람한 남근형이다.

가운데 놓여 있는 마당바위는 직경이 7미터 가량인데 바위 위는 편편하다. 그런데 묘하게도 남근석을 마주보고 있는 마당바위의 아래쪽은 꼭 여성처럼 생겼다. 그래서 지팡이바위와 묘한 조화를 이룬다.

선돌마을 여근석
지팡이바위를 마주보고 있는 마당바위의 아래 부분은 아무리 봐도 여성형이다.

　지팡이바위가 있는 선돌마을과 6~7백 미터 거리를 두고 마주보는 동네가 화산(花山)마을이다. 화산마을에서 지팡이바위를 쳐다보면 영락없는 남자의 심벌 그대로다. 이 때문인지 옛날 화산마을에선 바람나는 처녀들이 많았다고 한다. 그래서 화산마을 사람들이 한밤중에 몰래 선돌마을로 몰려가 지팡이바위를 무너뜨린 일도 있었다는 것이다. 이에 대한 보복으로 선돌마을 사람들은 화산마을 뒷산에 서 있는 돌미륵을 뽑아버리는 등 한동안 공방전이 치열했다고 한다.

임부를 닮은 배부른 선돌과 줄무늬 선돌

　옥천군 동이면 석탄리 안터마을에는 임부(妊婦)를 닮은 '배부른 선돌'이 있다. 옆에서 보면 만삭의 무거운 몸을 간신히 가누고 있는 모습 그대로다.

　이 배부른 선돌에 대해선 자세한 기록이 나와 있다. 10년 전 대청댐 수몰지역 조사 때 밝혀졌는데, 놀랍게도 5천 년 전의 것으로 추정된다는 것이다. 더욱 놀라운 것은 이 선돌에 음각된 원(圓)을 조사해본 결과 선사 시대 우리 조상들이 수(數)에 대한 기본적인 개념을 확립한 단계에 이르렀던 것으로 해석된다는 사실이다.

　높이 2.2미터, 폭 90센티미터, 두께 45센티미터의 이 선돌 옆구리 아래 부분에는 선돌의 폭과 딱 맞는 지름 90센티미터의 원이 정교하게 그려져 있다. 선돌의 폭과 원의 지름을 의식적으로 맞추었다는 해석이다. 또 원의 중앙에 홈이 파져 있는 것을 보면 이 홈을 중심으로 줄을 사용하여 원을 그렸다고 볼 수 있다. 슬기로운 우리 조상들은 컴퍼스의 원리를 이미 5천 년 전에 터득했다는 얘기다.

그리고 약간의 차이는 있으나 원의 지름은 전체길이(땅에 묻힌 부분 포함) 2.63미터의 3분의 1이고 얼굴길이 45센티미터의 2배이며, 얼굴길이는 전체길이의 8분이 1이고 또 머리부분 두께가 21센티미터여서 배밑길이 42센티미터의 2분의 1이 되므로, 이 당시 우리 조상들이 수치의 개념을 알고 이를 적절히 사용한 것으로 풀이된다.

안터마을 배부른 선돌
옆에서 보면 만삭의 무거운 몸을 간신히 가누고 있는 모습 그대로다.

이 선돌은 암선돌로 다산을 기원하기 위한 숭배대상이었음은 구구히 설명할 필요가 없다.

선돌은 반드시 암·수로 구분된다. 윗부분의 모양이 둥글거나 네모난 것은 암선돌이고 삿갓이나 삼각형 모양 등 위가 뾰족한 것은 수선돌이다. 쌍으로 세워진 선돌일 경우 반드시 하나는 남성이고 나머지 하나는 여성이다.

옥천군 동이면 남곡리에는 줄을 새긴 묘한 선돌이 있다. 군동초등학교 정문에서 1백 미터 떨어진 도로변에 있는 이 선돌에는 앞면에 45개의 선을 옆으로 새겨놓은 것이 특이하다. 선은 1센티미터 정도의 굵기로 왼쪽에서 오른쪽으로 깎아내렸으며 우측면은 너비 10센티미터 가량 남겨놓았다. 윗부분은 삼각형으로 다듬어져 있어 남성형 선돌인 것은 분명한데 왜 이런 줄을 정성들여 새겨놓았는지 밝혀지지 않고 있다.

안남면 송정마을의 알터바위

옥천군 안남면 청정리 송정마을에는 유명한 알터바위가 있다. 이 바위는 마을회관 앞 냇가에 서워져 있는데 중앙부분에 길이 12센티미터, 폭 5센티미터의 구멍이 길쭉하게 밑으로 나 있다. 이 구멍이 바로 알터인데, 처음 보는 사람도 이 구멍이 여성을 상징하고 있다는 사실을 단박에 알 수 있다.

그런데 이 구멍을 돌로 문지르며 빌면 아들을 낳을 수 있다는 얘기 때문인지 많은 여인네들이 하도 문질러 반들반들하게 닳아 있다. 높이 1.25미터, 폭 35센티미터, 두께 44센티미터인 이 암선돌은 아담하고 다소곳한 생김새가 여성답게 느껴진다.

남곡리의 줄무늬 선돌
앞면에 45개의 선을 옆으로 새겨놓은 것이 특이하다.

송정마을에는 이 밖에도 두 개의 선돌이 더 있다. 삼화초등학교 앞 논 가운데 있는 높이 1.8미터의 선돌은 윗부분을 뾰족하게 손질한 것으로 미루어 수선돌이고, 마을 뒤 논 가운데 있는 것은 배가 불룩하여 암선돌이다.

기이한 것은 수선돌을 정점으로 해 두 개의 암선돌이 삼각형을 이룬 점이다. 수선돌이 암선돌 두 개를 좌우에 거느리고 있는 것이 당시의 혼인제도와 어떤 관련이 있는지 궁금하다.

옥천군에는 모두 26개의 선돌이 발굴 조사되어 있다. 이 선돌은 생산의 주체가 될 종족을 번식시키는 힘과 풍요를 의미하는 기능을 갖고 있는 것으로 생각되어 신앙의 대상으로 받들어져 왔다. 남근석이나 여근석 등의 숭배사상도 바로 여기서 비롯된 것으로 설명된다.

선바위·뻬죽바위·돛대바위·송곳바위 등으로 불리어지고 있는 바위들은 모두 선돌과 그 맥락을 같이 하고 있다.

입석리 기자암과 무도리 여근석

제원군 송학면 입석리에는 일곱 개의 거대한 바위돌을 놓은 특이한 선돌이 있다. 선돌박이로 불리는 이 돌은 아래쪽에 66센티미터의 낮고 폭이 넓은 세 개의 돌이 지대석(址臺石)처럼 놓여 있고, 높이 1~1.4미터쯤 되는 세 개의 돌이 얹힌 위에 다시 높이 2.4미터, 폭 2.6미터의 거대한 돌이 얹혀 있다.

옛날 힘이 센 마귀할머니가 앞치마에 돌을 담아다가 포개 놓았다는 전설이 있으나 어떤 방법으로 이렇게 거대한 돌을 쌓아 올렸는지 의문이다. 아이를 못 낳는 여인이 돌을 던져 이 선돌 위에 얹히면 아이를 가진다고 전해지고 있다. 좀처럼 보기드문 거대한 기자바위이다.

또한 무도리에는 거대한 여근석이 마을 입구에 적나라한 모습을 드러내 놓고 있다. 마을로 들어가는 길 옆에 버티고 있어 오가는 사람이 안 볼래야 안 볼 수 없다.

지름 1.5미터 가량으로 둥글게 움푹 패인 바위 안에 구형(球形)의 자연석이 묘한 모양으로 들어앉아 있다. 분명히 자연석인데 일부러 만들어 놓은 것 같다. 군청에 들러 여근석이 있는 위치를 물었을 때 모두들 ×알바위라고 표현했다.

 그러나 이 마을의 이성규(70세) 씨는 '하릴없는 사람들이 하는 소리'라며 이 묘한 바위의 이름을 용구(龍口)라고 우겼다. 이 괴상하게 생긴 바위는 마치 뱀처럼 생긴 산줄기의 끝에 자리잡고 있다. 용의 머리부분에 있는 이 바위는 용의 입에 해당된다는 것이다. 그래서 마을의 수호신 격인 이 바위에 매년 음력 정월 초이튿날이면 정성드려 제를 올린다고 한다.

송학면 무도리 여근석
마을로 들어가는 길에 적나라한 모습을 드러내고 있다.
마을 사람들은 마을의 수호신 격인 이 바위에 매년 정월 초이튿날 제를 지낸다.

 이씨의 설명에 따르면 지금은 바위 앞으로 길이 나 있지만 예전에는 5~6미터 넓이의 개천이 흘렀다고 한다. 개천 둑에서 돌을 던져 이 바위 안으로 떨어지면 아들을 낳는다고 해서 여인네들이 많은 돌을 던졌다는 것이다. 5~6미터 거리인데다 바위 틈 사이가 한 뼘 가량 밖에 안 돼 돌을 던져 넣기가 무척 어려웠을 것 같다.

 긴 얘기를 나누는 사이 용구암이라고 우기던 이씨는 말꼬리를 잡히고 만다. 바위틈 사

아득한 선사시대부터 있어온 선돌 | 91

이를 쑤시면 마을 처녀들이 바람난다고 해서 다른 동네 청년들이 짓궂은 장난을 많이 한다는 것. 누가 그랬는지 구형바위 위에 팔뚝만한 남근형의 돌이 얹혀져 있다.

이씨는 낙엽이 지는 늦은 가을이면 이상하게도 바윗가에 이상한 풀이 무성하게 나 요상스러운 모양을 이룬다는 설명을 하면서 껄껄 웃는다.

결혼식을 올린 천안의 부부석

천안시를 감싸고 있는 서쪽 산자락의 봉서산 공원 배드민턴 코트 옆에는 한 쌍의 부부석이 다정하게 마주보고 있다. 믿음직하고 우람한 남근석에 몸집이 작은 여근석은 수줍음을 타는지 몸을 움추리고 있는 듯하다.

키 1.7미터, 가슴둘레 1.45미터의 아담한 몸집이다. 두툼했던 귀두는 6·25 때 총을 맞아 한쪽이 떨어져 나갔지만 그래도 믿음직한 남근석이다. 키 1.5미터, 아래쪽 둘레 1.5미터 가량의 삼각형으로 생긴 여근석은 커튼을 치듯 대나무로 몸을 가리고 있다.

남근석은 3백 년 전 봉서산 동쪽 아래 백석동에 살았던 윤모 씨가 가까운 어느 절터〔廢寺〕에서 옮겨온 것이라 했다. 스님들은 남근석의 생김새를 부처와 비슷하다고 봤는지 미륵불이라며 애지중지 아꼈단다. 지금도 마을 사람들은 이 돌을 미륵님이라 부르고 있다.

일제 때는 돌보는 사람이 없어 백석동 입구에 쓰러져 있었는데 이를 본 일본인들이 탐을 냈다. 그들은 이 남근석을 일본으로 가져가기 위해 소달구지를 동원해 운반하려고 했다. 그런데 그때가

겨울임에도 불구하고 이틀 동안 폭우가 쏟아져 땅이 질퍽거려 별 무거운 돌이 아니었는데도 도저히 옮길 수 없었다. 결국 그들은 운반하는 것을 포기하고 말았다. 그때 운반하려다 버려둔 곳이 봉명동 이종은 씨 집앞이었다.

일본 사람들이 옮기려다 실패한 것을 지켜본 마을 사람들은 하늘이 막아준 것이라고 했다. 지금은 주유소가 들어서는 등 번잡한 큰 길이 됐지만 그때만 해도 한적한 시골길 옆 감나무 밑에 정성껏 모시고 매년 정초에 제를 올렸다. 남근석을 돌보는 것은 남정네보다 아낙들이 더했다.

서른이 넘도록 아기를 가지지 못했던 한 아낙이 있었다. 아기를 가지기 위해 여러 곳을 찾아다니며 공을 드렸지만 효험이 없었다. 그 아낙은 마침내 이 남근석에 정성을 다했다. 어느 날 꿈의 계시대로 한밤중에 남근석을 올라타고 꼭대기에 잠시 걸터앉았다가 내려왔다. 그후 그 아낙은 떡두꺼비 같은 아들을 낳았다.

소문은 삽시간에 천안은 물론이고 충청도 일대까지 퍼졌나갔다. 그 이후로는 새벽 서너시께면 부녀자들이 몰려들었다. 한때는 너무 많은 부녀자들이 몰려 청년들이 야경을 돌며 남근석을 지키는 지경까지 됐다.

지난 1978년 4월 천안시청에서 토지구획정리 사업을 하면서 남

천안의 남근석과 여근석
부부석 앞에 상석을 마련하고 주위에 대나무를 심어 아늑한 신방을 꾸며 주었다.

근이 서 있을 자리가 마땅치 않아 천안시청으로 옮겼다. 그리고 시청에서 다시 천안 삼거리로 옮겨졌다.

남근석을 옮기고 나자 어쩐 일인지 마을에 재앙이 그치질 않았다. 멀쩡한 젊은이가 교통사고로 죽는가 하면 건강하던 사람이 갑자기 암으로 죽었다. 마을 사람들은 이 남근석을 돌려줄 것을 시청에 진정하기에 이르렀다.

5년 전 남근석은 마을 사람들의 소원대로 마을의 공원인 봉서산에다 보금자리를 잡게 됐다. 홀로 서 있는 남근석이 외롭게 보였는지 마을 사람들은 봉서산 아래 홀로 있던 여근석을 옮겨와 결혼식을 올려주었다. 부부석 앞에 상석(床石)을 마련하고 주위에 대나무를 심어 가릴 곳은 가려주는 등 아늑한 신방을 꾸며준 것이다.

그후 마을이 평안해졌음은 물론이다. 그리고 이 부부석은 천안의 자랑거리가 됐다.

민족신앙의 본바탕, 속리산의 문장대

이 땅에 살고 있는 사람이라면 속리산 문장대를 모르는 이가 없을 것이다. 그만큼 유명하여 수많은 등산객이 오르고 있는데 이곳이 민족의 얼이 농축되어 있는 역사의 현장임을 아는 사람은 별로 없다. 이곳은 수천 년을 두고 하늘에 제를 올린 천제단이자 나라 안에서 손꼽히는 대표적인 난생설화의 현장이다.

거리를 두고 문장대를 자세히 바라보면 그 옆 바위에 표시되어 있는 대형 태극무늬를 발견할 수 있다. 그런데 그것이 태극무늬인 줄 아는 사람은 거의 없다. 어른이 앉아도 빈 공간이 있을 만큼 큼직하게 패인 꼭대기의 알바위를 밟고 있으면서 그것이 알바위인

줄 아는 이도 별로 없다.

　백두산에서 시작되는 백두대간이 한반도 중부를 거쳐오다 속리산에 오면 소위 차령산맥인 한남정맥(漢南正脈)과 금북정맥(金北正脈)으로 갈리는 분수령이 된다.

　지난 1984년 7월 초순, 장마가 오락가락할 때 잠시 비가 멈춘사이 문장대에 올랐다. 비가 오면 구름으로 가득해 사진기자 윤평구 씨가 울상이라 날이 개기가 무섭게 올랐다. 보통 등산객이 오르는 방법대로 법주사에서 세심정(洗心亭) → 복천암(福泉庵) → 중사자암(中獅子庵)을 거쳐 6킬로미터의 가파른 산길을 걸어 문장대 입구에 다달았다. 입구에서 여느 관광객과 마찬가지로 백 원을 주고 문장대 관람권을 사서 철계단을 올랐다.

　동서남북으로 펼쳐진 파노라마를 찍고 나오는데 문장대 넓은 바위의 크고 작은 20여 개의 구덩이에 아침에 내린 비로 물이 채워져 사방으로 흘러내리고 있었다. 누구나 상식적으로 아는 것이지만 여기서 동쪽으로 떨어지는 물이 낙동강, 남쪽으로 떨어지는 것이 금강, 또 서쪽으로 떨어지는 것이 한강이 되겠거니 하면서 세 강의 발원지가 되는 세 골짜기를 각각 내려다보고는 내려왔다.

　그리고 나서 법주사 들머리, 정이품 소나무 건너편에 자리잡은 에밀레 박물관 조자용(趙子庸) 박사를 찾았다. 조각사는 4년 전 서울을 떠나 이곳에다 박물관을 짓고 그야말로 '살아 있는 박물관'으로 꾸미고 있었다. 그는 속리산 천황봉 남쪽 아래 대목리에 땅을 사들여 국조 단군을 모시는 삼신사(三神祠)를 건립해 성역을 만들겠다는 계획을 꾸준히 실행하고 있는 중이었다. 조박사와 눈코 뜰 새 없이 바쁘게 진행하고 있는 갖가지 사업얘기며 호랑이·도깨비 얘기를 나누다 태극무늬에 대한 얘기를 듣게 됐다.

태극무늬와 알바위

"문장대에 올랐으면 문장대 바위 옆에 새겨진 태극무늬 봤어?"

숨을 헐떡이며 문장대에 올라 사진 찍고 그저 바빠 서둘러 대강 대강 보고 지나쳤으니 태극무늬를 봤을 턱이 없었다. 의외의 질문이었다.

"문장대에 오르기 전 아래에서 보면 철계단 왼쪽에 선명하게 들어난 십(十) 자를 태극무늬로 봐야 할 것이야."

귀가 번쩍 뜨이는 소리였다. 태극기 모양으로 둥근 원 속에 에스(S) 자가 그려져 있다면 모를까 십 자가 태극이라는 것은 금시초문이었다. 십 자가 직각으로 굽어지면 스와스티카(Swastika)로 나치스의 심벌마크인 만(卍) 자가 된다. 십 자가 곡선으로 굽어지면 에스(S) 자 두 개가 엇갈리는 형인데 이게 바로 한민족 심벌인 태극, 코스믹 크로스(Cosmic cross)라는 설명이다.

《정감록》에 나오는 궁궁을을(弓弓乙乙)이 바로 십(十) 자와 만(卍) 자가 된다. 궁궁을 서로 반대로 세우면 아(亞) 자고 이것이 십 자며, 을을 엇갈려 놓으면 만 자인 스와스티카가 되는 것이다.

정지해 있는 십 자를 원으로 돌릴 경우 처음에는 태극무늬의 에스(S) 자가 엇갈리다가

문장대 태극무늬
십 자가 곡선으로 굽어지면 에스(S) 자 두 개가 엇갈리는 형인데 이게 바로 한민족 심벌인 태극, 코스믹 크로스이다.

빨리 돌리면 원 속의 작은 원(圓)이 있는 형태가 된다. 이를 더욱 빨리 돌릴 경우 작은 원도 없어지고 원 하나만 보이게 된다.

이것이 바로 우주 속의 지구라고도 할 수 있고 난생설화의 알이 될 수도 있다는 논리전개였다. 특히 태극무늬는 5천 년 전 원 속에 십자가 든 O이었음이 언양의 반구대 각자(刻字)에서 밝혀졌다. 문장대의 십자를 싸고 있는 원을 둥근바위라고 생각하면 태극무늬임이 틀림없다는 얘기는 수긍이 간다.

"문장대 꼭대기 바위에 패어 있는 알바위는 어땠어?"

문장대의 알바위
아이를 낳게 해달라고 빌 경우 틀림없이 천하장사를 잉태한다는 얘기가 전해진다.

고등학생 시절부터 지금까지 여섯 차례나 문장대를 오르고도 새까맣게 몰랐던 그 둥근 구멍들. 큰 구멍에서 작은 구멍으로, 비스듬이 높게 있는 구멍에서 아래 구멍으로 서로 연결지어져 종래에는 동서남북으로 갈라져 떨어지면서 문장대 바위 표면을 수직으로 금그어 고랑을 만들어내던, 빗물이 고인 크고 작은 둥근 구멍이 바로 알바위였던 것이다.

문장대 꼭대기뿐만 아니라 그 아래에도 알바위가 있다고 했다. 문장대의 장엄한 두 개의 암석은 눈사람 모양으로 밑의 바위는 크고 위의 바위는 얹혀 있는 모양이다. 문장대 위에서 버티고 있는 바위는 바로 '알독' '알 도가니'로 불리고, 이중 알바위에 애를 낳게 해달라고 빌 경우 틀림없이 천하장사를 잉태한다는 얘기가 사람들 사이에서 전해지고 있다.

10여 년 전부터 바위문화를 집중적으로 연구하고 있는 민학회 신영훈(申榮勳) 씨를 만났더니 빙그레 웃기부터 했다.

우리 민족은 흥미 있는 탄생설화를 가지고 있다. 한민족의 시조가 하늘에서 내려온 천신의 자손이라는 천손하강신화(天孫下降神話)와 천신의 개입 없이 알에서 탄생하였다는 난생설화가 바로 그것이다.

신씨는 이같은 설화는 북방과 남방 사람들의 사고방식의 외행적인 차이지 그 내용에 있어서는 동일하다고 보고 있다. 또한 신씨는 시조들과 관련되어 나타나는 알은 별을 상징한다고 보고 있다. 그들의 탄생뿐 아니라 국가의 탄생, 나라이름 그 자체도 전부 하늘로 봤다. 땅덩이를 그대로 들어올려 하늘에 갖다대었으며 땅은 곧 하늘이었다. 사람은 곧 별 그 자체로 하늘에서 태어나 하늘로 돌아가니 탄생이나 죽음이 다 같은 것으로 본 것이다.

알덩이 같고 바위같이 굳센, 아기를 점지해 달라고 사람들이 빌었던 곳 알바위, 그 알바위에 소피〔牛血〕를 뿌려 하늘에 제사지냈던 문장대를 다시 보니 모든 것이 새로웠다.

자연미와 인공미의 합작

해발 1,019미터 문장대에 다시 올랐다. 지금은 철로 만든 계단이 놓여 있지만 옛날엔 그런 시설로 안 되어 있었을 텐데 어떻게 이 험한 곳까지 올라와 크고 작은 둥근 홈을 저렇게 팠는지 신기하기만 했다.

세조가 속리산에서 요양을 할 때 꿈을 꾸었단다. 그런데 꿈 속에서 월광태자(月光太子)가 나타나 동쪽으로 15리를 올라가면 영봉이 있고 그곳에 올라가 기도를 하면 신상에 밝음이 있다 했다. 세조는 신하들을 이끌고 그곳을 올랐는데 그곳이 바로 문장대였다. 지금도 세조가 산을 오르기 위해 철못을 박고 밧줄을 이용했던 흔적이 그대로 남아 있다. 그때 세조가 문장대에 오르니 책이 한 권 놓여 있어 그때까지 운장대(雲壯臺)로 불리던 것을 문장대로 바꾸었다고 한다.

태극무늬 확대 사진
세로 선이 자연적이라면 가로 선은 사람이 판 것으로 천인합작품이다.

50여 명이 앉을 수 있는 넓은 바위인 문장대 위에는 28개의 크고 작은 알터가 빈틈 없이 차지하고 있다. 한 뼘만한 홈이 있는가 하면 어떤 것은 하트형으로 그 속엔 또다시 둥근 홈이 패여 있다. 대개 크고 작은 홈은 서로 연결되어 동서남북 사방으로 패여 있어 절벽 밑으로 흐르게 되어 있다.

하늘에 제를 지낼 때는 이 홈에 소 피를 가득 채웠고, 이 피가 사방으로 직선을 그으며 밑으로 내려가 바위를 붉게 물들였다. 둥근 문장대 사방으로 붉은 피가 흘러내린다고 상상하면 장관이었을 것이다. 제를 지내지 않을 때는 홈통을 빗물이 채워 수천 년을 두고 흘러내렸다. 문장대 넓은 바위를 빙둘러 위에서 내려 그은 일자로 바위 자체를 파놓고 있었다.

문제는 가로로 쳐진 한 일(一)자로 자연적으로 바위가 갈라진 것이냐 인공적이냐는 것이다. 5~6미터나 되는 길이의 가로로 그어진 일자는 자연보다는 인공적일 것이라는 게 신영훈 씨의 견해였다.

　실제 가까이 가서 보면 사람의 솜씨임이 틀림없다. 세로로 파인 일자가 자연적이라면 가로로 파인 일자는 사람이 판 것으로 자연에 인공을 살짝 가미한 천인합작(天人合作)이라고 조자용 박사는 보고 있다. 이렇게 해서 태극무늬를 만들어 이곳이 성역이라고 누구나 알기 쉽게 표시를 해둔 셈이다.

　20년 간 문장대에서 사진을 찍어 온 홍순일·길용 씨 형제는 가끔 할머니와 아낙네들이 같이와 둥근 차돌을 쥐고 말바위의 안쪽을 비비며 아기를 낳게 해달라고 비는 모습을 보았다고 했다.

　문장대 위에서 철계단을 내려와 윗바위가 얹혀 있는 사이의 홈통에 고여 있는 감로수를 확인하러 갔다. 철계단을 내려와 왼쪽으로 돌아가면 바로 머리 위에 문제의 십자로 된 태극무늬가 있고 그 무늬가 있는 곳에서 왼쪽으로 더 돌아가면 북쪽 낭떠러지 바위 틈 사이에 옹달샘같이 패인 바위 홈에 감로수로 불리는 물이 담겨 있다.

　말이 감로수지 벌레가 있고 색깔 또한 탁하다. 후텁지근하게 계속되는 저기압 때문인지도 몰랐다. 감로수에 가까이 가려면 태극무늬에서부터 자연스레 생긴 바위의 틈을 잡고 옆걸음으로 가야 한다. 밑을 보면 높이 60~70미터는 됨직한 절벽이다. 등반에 어느 정도 자신이 없는 사람은 엄두를 낼 수가 없으니 '아무리 가물어도 마르지 않고 이루 헤아릴 수 없이 달다'는 감로수는 그림의 떡일 수밖에 없다.

　조심조심 바위 틈새를 잡고 북쪽 끝으로 돌아가니 눈사람 머리

같이 얹혀 있는 문장대 위의 바위가 크게 둘로 쪼개져 있다. 쪼개진 바위 사이로 구름 낀 하늘이 보인다. 여기서 침니로 오르면 문장대 윗쪽이 된다. 감로수는 이 바위 틈에 고여 있었다. 서북쪽 바위 끝머리에 서너 개의 작은 알바위가 만들어져 있다. 막연하게 바위 밑에서 옹달샘처럼 솟아오른다고 하는 감로수는 밤 동안 차가워진 바위가 햇빛에 뜨거워지면서 바위 밑바닥에 생기는 물방울이 흘러 모여지는 결로현상인 것 같았다.

문장대의 역사적인 의미

《동국여지승람》에 문장대에 대한 설명이 있는데, 층이 쌓인 것이 천연으로 이루어져 높게 공중에 솟았고 그 높이가 몇 길인지 알지 못한다 했다. 또한 그 넓이는 3천 명의 사람이 앉을 만하고 대위에는 구덩이가 가마솥만한 것이 있어 그 속에서 물이 흘러나와 가물어도 줄지 않고 비가 와도 더 많아지지 않는다고 했다. 이것이 세 줄기로 나뉘어서 반공(半空)으로 쏟아져내리는데 한 줄기는 동쪽으로 흘러 낙동강이 되고 한 줄기는 남쪽으로 흘러 금강이 되고, 또 한 줄기는 서쪽으로 흐르다가 북으로 가서 달천(達川)이 되어 금천(金川)으로 들어갔다고 쓰고 있다.

또 이능화(李能和)는 《조선무속고》에서, 《동국여지승람》을 보면 속리산 꼭대기에 대자재 천왕사(大自在 天王祠, 사바신을 모시는 사당)가 있어 그 신이 매년 10월 인일(寅日)에 법주사에 내려오기에 절사람들이 신을 맞이하기 위해 제단을 만들어 제사를 올렸는데 신은 45일을 머문 후에 돌아간다고 쓰여 있다고 했다. 필자가 법주사 스님에게서 듣기로는 대자재 천왕사는 매우 음란했다고 했다. 제석일에는 모두 절에 모여 큰 제사를 올렸는데 목봉으로 양경의 형상을 만들고 거기에 붉은 칠을 하여 그것을 들고 춤을 추며 신을 위안했다. 만약 그렇게 하지 않으면 절에 재난이 있기 때문에 필히 이와같이 행하였다. 그 신에 대한 제사가 근년에 이르러서야 혁파되어 시행치 않는다고 운운하였다고 쓰고 있다.

고려 말 조선 초기의 문신이었던 기우자 이행(騎牛子 李行, 1352~1432년)은 우리나라 물을 품평한 가운데 첫째가 충주의 달천물, 둘째가 오대산 우통수, 셋째가 속리산 삼타수(三陀水)라고 했다. 이중환(李重煥, 1690~1758년)의 《택리지》에는, 속리산은 겹겹이 싼 봉우리가 뾰죽뾰죽하게 모여 마치 처음 피는 연꽃 같기도 하고 멀리서 횃불을 벌린 것과도 같다. 돌에서 맑은 샘물이 솟아 물맛은 차고 맑고 물빛도 검푸르러 가히 사랑할 만한데, 이상한 돌로 되어 지극히 그윽하고 얌전한 경치는 금강산 다음 간다고 했다. 기우자 이행이나 이중환의 글대로 실제 속리산의 물은 천하일품이다.

신라 시조 김알지가 탈골암(脫骨庵) 물을 마시고 닭의 몸이 사람 몸으로 변했다든가, 임경업 장군이 관음암 옆의 장군수를 먹고 수도를 한 것. 피부병을 앓던 세조가 복천암(福泉庵) 물로 고쳤으며 일본 사람들이 드럼통에 넣어 일본까지 가져갔다는 상고암(上庫庵)의 물이며, 옻이 오른 사람이나 피부병에 직효라는 법주사 미륵상 아래쪽의 법주약수, 게다가 최상의 물인 감로수가 나오는 문장대 바위 등 속리산의 물은 예부터 유명하다.

여기다 신령한 산기운까지 겹쳐 속리의 진산인 문장대는 천제단이 되는 조건을 갖추었다. 고구려 광개토대왕이 여기에 와서 제를 올리고 갔으며 신라 선덕여왕이 다녀갔다. 고려 태조 왕건, 조선 태조 이성계도 천제를 지낼 만큼 문장대는 중요한 제단으로 역사에 부각되어 있다.

성신신앙의 분류

김태곤(전 경희대 교수)

성신신앙(性神信仰)은 나무나 돌 도제(陶製)로 남녀 성기의 모형을 만들어 모셔 놓고 신체(神體)로 믿거나, 남녀 성기와 유사한 암석 또는 암벽에 성기나 성교 장면을 조각하여 신체로 상징하여 믿는 민간신앙의 한 형태이다.

일본·동남아 등지에서는 성신신앙이 민간신앙의 주류를 이루고 있는데 비해, 한국에서는 과거로 거슬러 올라가야만이 신앙되었을 뿐 현재에는 거의 사라져가고 있다. 따라서 문화적 차원의 조사와 보존, 그리고 연구가 시급히 요청된다.

현재 한국에 전승되고 있는 성신신앙을 형태상으로 분류하면 남성신 신앙과 여성신 신앙, 성교모의 신앙, 남근 봉납(奉納) 신앙으로 크게 구분할 수 있다. 남성신 신앙은 돌로 대형의 남근을 만들어 세워 놓고 신체(神體)로 믿는 것이다. 여성신 신앙은 여근(女根)과 유사한 자연석을 신체로 믿는 것이다. 성교모의 신앙은 애기를 못 낳는 여인이 바위를 타고 앉아 구르는 '말바위' 신앙과 큰 바위에 작은 돌을 대고 문질러서 붙게 하는 '붙임바위' 신앙이 있다.

남근 봉납 신앙은 여신(女神)을 모신 신당(新堂)에 나무로 남근을 깎아서 바치는 것이다.

또한 성신앙은 제의(祭儀)상으로 공동신앙과 거인신앙으로 나누어진다. 전자는 남녀 성신을 마을의 수호신으로 모신 경우이고, 후자는 '말바위'와 '붙임바위' 신앙과 같이 개인의 소망을 비는 경우이다.

이런 성신신앙이 어느 면에선 좀 낯설게 느껴질 지 모르지만, 일본이나 인도를 비롯한 동남아 지역에서는 보편적이고도 비중 있는 민간신앙으로 이어지고 있다.

일본의 경우, 목제(木製)·석제(石製)의 대형 남녀 모형 성기가 신사(神社)에 신체로 봉안되고, 암석에 남녀성신의 애무 장면이나 성교 장면이 조각되어 신체로 봉안된다. 그리고 이런 성신에 대한

여성신 신앙은 여근(女根)과 유사한 자연석을 신체로 믿는 것이다.

제의가 마을 공동의 연중행사가 되어 대규모로 거행되고 있다.

애지현(愛知縣)의 전현신사(田縣神社)에서는 해마다 3월 15일이 되면 남근을 그린 기(旗)를 앞세우고 신사에 봉안되어 있는 10미터 가량의 대형 목제 남근을 신여(神輿)에 싣고 장정 20여 명이 메고서 시가를 행진한다. 풍농과 자손 번성을 기원하기 위해서다. 이들은 평상시의 신사 참배에도 대소 목제 남근을 봉납한다.

또한 대현신사(大縣神社) 경내에는 희궁(姬宮)이 있다. 대형의 목제 여성기가 신체로 봉안되어 있는데, 역시 해마다 3월 15일이 되면 희궁 정문에 여성기를 그린 기를 거느리고 제를 지낸 후에 이 목제 여성기를 신여에 실어 장정 10여 명이 메고 시가행진을 한다. 부부애와 자손 번성을 빌기 위한 것이다.

태국의 경우, 돌로 만든 대형의 남근을 불사(佛寺) 내에 세워 놓고 참배한다. 1973년 7월에 '방콕'에 들렸을 때 여기저기 불사마다 대형의 석제 남근이 불사 한쪽에 세워져 있는 것을 보았다. 신도들은 합장하고 머리를 조아리며 꽃을 바치고 소원을 빌고 있었다. 태국 사람들은 배를 탈 때에도 해상의 안전을 위해 소형의 목제 남근을 옷 속에 차고 다닌다.

인도의 경우에는 사람들이 돌로 만든 남근을 생산신(生産神)으로 숭배하며, 매년 10월 말부터 11월 초에 걸쳐 초승달이 돋아날 때 남근제를 성대하게 지내어 농사와 자손의 번영을 빈다.

한국에서 성신신앙에 관한 최고 오래된 기록으로는《동이전(東夷傳)》고구려조(高句麗條), 10월 국중(國中) 대회 때 신 앞에 나무로 만든 목수(木隧, 즉 남근)를 갖다 바친다 했다.《삼국유사》에도 여근곡의 기록이 있어서 성신신앙 요소가 엿보인다.

고고학상으로는 구석기 시대까지 성신신앙의 유물이 있고, 신석기 거석(巨石)문화의 표상인 고인돌과 선돌이 각기 남녀 성기의 상징으로 보고 있어서 역사는 꽤 거슬러 올라갈 수 있다.

이와 같은 성신신앙의 강력한 생식력은 사자(死者)의 내세적 부활, 재생(再生)의 기능으로 다시 분화·발전하여 성력(性力)에 의한 사자의 재생을 믿게 되었던 것이라 보인다. 고분(古墳) 속에서 발굴된 남근을 내놓고 있는 토우(土偶)와 묘 앞의 좌우 망두석, 풍수에 의한 묘자리, 이들 모두가 성력에 의해 사자의 내세 재생이나 성력에 의한 사자 후손의 번성을 기원하는 신앙심에서 이루어진 것이라 생각된다.

묘 앞의 망두석이 남근의 상징물로서 당초에 남근 모형을 세우던 것이 후대에 성적(性的) 외설 요소로 인해 오늘날과 같은 형태로 변화된 것으로 보인다. 또 풍수설에 의한 묘자리에서 좌청룡(左靑龍) 우백호(右白虎)의 지형 자체가 사람의 양 다리 하체의 국부

성신신앙은 한낱 고대 미개문화의 한 자료 형태가 아닌 동양의 정신적 뿌리가 살아 숨쉬는 것으로 볼 수 있다.

형태이며, 산줄기 낙맥(落脈) 부의 묘지를 명당으로 인식하는 것과, 묘 앞의 문필봉을 길상(吉像)으로 알고 있는 것이 모두 성기 내지는 성교 형태를 상징한 것이라 생각된다. 이와 같은 명당의 묘자리는 어느 것이나 자손의 번성과 부귀를 기원하는 것인데, 자손 번성의 기능 그 자체가 성의 생식적 결과이기 때문이다.

   따라서 오늘날 풍수·음양사상이 성신신앙에 기반을 두고 있을 때, 성신신앙은 한낱 고대 미개문화의 한 자료 형태가 아닌 동양의 정신적 뿌리가 살아 숨쉬는 것으로 볼 수 있다.

4장 – 전남 지역

끝없이 이어지는 남근석 전쟁

승주군 화지마을 앞 논 가운데 서 있는 한 쌍의 남근석은 온갖 수난을 겪어왔다.
보기만 해도 부녀자들이 바람난다며 건넛마을 사람들이 몰려와 자빠뜨리면,
화지마을에선 남자들이 힘을 못 쓴다고 일으켜세웠다.
이런 공방전은 수없이 되풀이되었다.

전남 지역
끝없이 이어지는 남근석 전쟁

전남 지방의 성석에는 얽힌 얘기도 많다. 신앙의 대상으로 사랑을 독차지하는가 하면 숱한 수난을 겪어오기도 했기 때문이다.

어떤 남근석은 부녀자들이 보면 마음이 싱숭생숭해진다고 여러 차례 넘어뜨려졌다 세워졌다 하는 곤욕을 치르기도 했고, 어느 여근석은 보기에 흉하다고 도끼질을 당하기도 했다.

그런가 하면 수백 년 간 우물 안에서 물을 솟게 한 갸륵한 남근석도 있고, 큰 변고가 일어날 때마다 슬피 울어 이를 예고해준 신비로운 한 쌍의 당산나무도 있다.

대평리는 수마을, 갈평리는 암마을

승주군 월등면 대평리 화지마을 앞 논 가운데 서 있는 한 쌍의 남근석은 온갖 수난을 겪어왔다. 보기만 해도 부녀자들이 바람난다며 건너마을 사람들이 몰려와 자빠뜨리면, 화지마을에선 남근석이 넘어져 있으면 남자들이 힘을 못 쓴다고 일으켜세웠다. 이런 공방전은 수없이 되풀이되었다. 어쨌든 하나는 하늘을 찌를 듯 기

화지마을 선돌
부녀자들이 바람난다며 건넛마을 사람들이 쓰러뜨려 한 쌍의 남근석 중 하나는 논바닥에 누워 있다.

세당당하게 서 있으나 하나는 논바닥에 닿을 듯 눕혀져 있다. 마을 주민인 조기평(60세) 씨는 논일을 나가다 지게를 받쳐놓고 자초지종을 얘기한다.

오래 전부터 남근석이 있는 화지마을은 수마을로, 1킬로미터쯤 떨어져 마주보고 있는 갈평리는 암마을로 불려왔다. 갈평리를 감싸고 있는 뒷산이 여성의 은밀한 부위를 닮았기 때문이다. 문제는 암마을의 부녀자들은 수마을의 남근석 때문에 바람기가 심해진다는 것이다.

그 때문에 암마을 남자들이 캄캄한 밤에 수마을로 잠입해 남근석을 쓰러뜨렸다. 남근석이 쓰러지고 나면 신기하게도 암마을 부녀자들은 언제 그랬냐는 듯 얌전해진다는 것이다. 대신 남근석이 쓰러지고 나면 무슨 영문인지 수마을 남자들이 통 힘을 못 쓰고 비실비실거렸다. 그러니 공방전이 계속될 수밖에 없다는 것이다.

남근석에서 30미터 가량 떨어진 길 옆에 수마을 당산이 있다. 나무 그늘이 시원한 당산에는 늘 마을 사람들이 모여 한담을 나누며 쉬는데 남근석 보호에 대한 얘기가 자주 거론된다. 암마을 사람들이 보기에는 수마을 사람들이 당산에 모여 시시덕거리는 꼴이 몹시 못마땅할 것이 뻔하다.

한 번은 그늘을 만들어 주는 당산나무를 없애버리기 위해 암마을 사람들이 한밤중에 도끼를 들고 나섰다가 수마을 주민들과 한판 싸움을 벌였다고 했다.

그리고 나서 두 마을 사이에 언제쯤 휴전협정이 맺어졌는지 오래 전부터 남근석 하나가 쓰러진 채로 평화를 유지하고 있다. 비록 쓰러져 있을 망정 머리를 암마을 쪽으로 겨냥한 채 기를 쓰는 듯한 남근석의 모습이 안쓰럽다.

얄궂은 전설을 지닌 원율리, 여근석

담양군 금성면 원율리에도 얄궂은 전설을 지닌 여근석이 있다. 마을 앞 냇가에 있는 이 여근석은 생김새가 무척 고약스럽고 마을 사람들이 부르는 바위 이름 역시 고약했다.

여성의 치부(恥部) 중에서도 가장 민감한 부위를 빼닮은 이 여근석은 항상 축축한 물기로 젖어 있다. 아무리 가물어도 물기가 배어 나오는 덕분에 늘 거뭇거뭇한 이끼가 끼어 있어 영락없이 그 모

원율리의 여근석
보기에 너무 흉해 징으로 쪼이는 체벌을 받아 옛 모습을 잃었다.

양이었다고 했다.

이 감복할 만한 생김새의 여근석이 원율리 마을에는 등을 돌리고 있어 보이지 않는 대신 들 건너 6~7백 미터 가량 떨어진 대성리에선 아주 똑똑히 보이는 것이 화근이다.

직경이 1미터 정도의 크기여서 멀리서 보면 더욱 실물과 닮아 보인다는 것이다. 더욱이 이 여근석을 건드리면 대성리 마을 큰애기들이 온통 바람이 나고 만다는 것이다.

대성리 어른들은 의논 끝에 여근석이 보이지 않도록 마을 앞에 나무를 총총히 심어 놓았다. 그래도 안심이 안 되었는지 징으로 쪼아버려 이끼가 무성하던 여근석의 거웃이 하얗게 변해버렸다. 방정맞다고 체벌을 당한 여근석의 모양이 처량하다.

관해동 우물 속의 남근석

성석이 땅 위에만 있는 것은 아니다. 땅밑, 그것도 물밑[水中]에서 당당하게 위세를 부리는 것도 있다. 목포시 관해동 동쪽 산아래 있는 '큰샘'이라 불리는 우물은 아무리 가물어도 마르는 법이 없다.

둥글게 파여 있는 이 우물은 깊이가 3미터, 지름이 2.2미터에 늘 1.5미터의 수심을 유지하고 있다. 항상 물이 차고 맑으며 물맛이 좋기로 소문나 있다.

이 우물 밑바닥을 찬찬히 들여다보면 우람한 남근석이 여근형의 물구멍을 정확하게 조준해 놓여 있다. 남근석 머리부분의 방향이 조금만 틀려도 물맛이 변하고 물이 탁해지며 수량도 변한다고 한다.

길이 1미터쯤 되는 거무칙칙하고 흉물스럽게 생긴 남근석이 직경 30센티미터 가량 됨직한 음경을 달고 우물 바닥에 누워 있는 모습이 능청스럽다.

우물 바닥 동쪽은 사방 2미터 가량의 바위벽으로 되어 있다. 바닥에서 30센티미터 높이에 뚫린 구멍에서 물이 졸졸 흘러 나온다. 다른 데서는 전혀 물이 나오지 않는다. 물이 나오는 부위가 여근형이라는데 밖에서는 확인할 수가 없었다.

우락부락하게 생긴 남근석은 여근형의 물구멍을 노려보고 있고 여근석은 고압적인 남근석에 고분고분 순종하는 듯 쉬지 않고 물을 뿜어내고 있다

우물 속의 남근석
여근형의 물구멍을 정확히 조준하고 있는 이 남근석이 샘을 솟게 하고 있다. 조준 방향이 조금만 틀려도 물맛이 변한다.

이 우물이 언제 파였는지 아무도 모른다. 이 마을 김금출(60세) 씨가 말하길 어렸을 때 백 살 된 노인이 있었는데 그 노인도 우물을 언제 팠는지 모르더라 했다. 사람들은 이 우물이 적어도 2백 년은 더 됐을 것이라 했다.

사람들은 이 우물 물을 음양수(陰陽水)라 했다. 이 마을 남자들은 음양수를 먹고 자랐기 때문에 힘이 무척 세고 남과의 힘겨룸에서 져본 적이 없었다고 한다. 누군가 등 뒤에서 "그래서 이 동네 여자들은 통 불만이 없지라." 하고 농담을 던진다.

강한 것은 남자뿐이 아니다. 이 마을에선 황소를 키우지 못한다. 음양수 때문인지 워낙 사납고 거칠어져 황소는 키우지 않고 암소만 키운다는 것이다.

수백 년 동안 줄기차게 수중전을 벌이며 뿜어내는 이 음양수 물맛이 마을 사람들의 자랑대로 시원하기 그지없다.

끝없이 이어지는 남근석 전쟁 | 115

엄마, 아빠바위와 함께 있는 아들바위

곡성군 삼기면 근촌리 아들바위는 엄마, 아빠바위와 함께 묘한 분위기를 만들고 있다.

마을 앞으로 지나가는 27번 국도 옆 냇가에 자리잡고 있는 이 아들바위는 무척 거대하고 우람하다. 높이 4미터 가량의 남근형인 아들바위는 길에서 5미터쯤 떨어져 있다. 귀두(龜頭) 모양의 바위 꼭지에 돌을 던져 올리면 아들을 낳는다는데 둥그스레한 꼭지에 돌을 올려 놓기가 좀처럼 쉽지 않을 것 같다.

아들바위 바로 아래 물 가운데는 거대한 여근석이 옥문(玉門) 밑부분을 물 속에 담그고 있다. 물기를 잔뜩 머금고 있는 여근석의 모습이 유혹하는 듯하다.

그런데 아들바위 밑부분에서 삐져나온 우람한 남근석이 물 속의

근촌리 아들바위
거대한 아들바위는 우람한 남근석, 여근석과 어울려 있다.(왼쪽)

마을 입구의 남근석
마을 입구 도로변에도 남근석이 자리하고 있다.(오른쪽)

여근석을 호시탐탐 노리고 있다. 여근석과의 자세가 마땅찮아 귀두부분을 여근석 쪽으로 비틀고 있는 형세가 괴상하다.

아들을 얻기 위해 아들바위에 정성들여 돌을 던져 올리던 부녀자들이 아들바위 주변에 있는 괴상스런 성석을 보고 어떤 감흥을 일으켰을지 궁금하다.

근촌리로 들어서는 마을 입구 도로변에도 한 쌍의 거대한 성석이 길 왼쪽과 오른쪽에 마주보고 있다.

동사리 동구물 선돌과 교촌리 육림선돌

나주군 남평면 동사리 당산나무 밑의 선돌을 '동구물'이라고 부른다. 이곳은 옛날 동헌과 객사가 있던 곳으로 지금은 마을의 당산이다.

높이 2미터, 지름 80센티미터의 이 선돌은 짚 삿갓을 쓰고 있는 우람한 남근이다. 귀두에 씌운 삿갓은 눈비에 상할세라 마을 사람들이 만들어 얹은 것이다.

이 선돌 맞은편에 임산부 모습을 한 1.2미터 높이의 암선돌이 다소곳이 서 있다. 두 선돌 모두 허리에 금줄을 감고 있다.

동사리 이웃 마을인 교촌리에도 높이 2미터의 선돌이 있다. 논 가운데 외롭게 서 있는 이 선돌을 배한준(74세) 씨가 돌보고 있다. 그는 자신의 생일만 되면 제물을 차려 제를 올린다. 생일이 아니더라도 아침 저녁으로 선돌을 보살피고 있다.

선돌이 서 있는 자리가 지금은 논이지만 옛날에는 육림사란 절이 있던 자리였다. 선돌 주변 일대의 논이 현재 '육림들'이라고 불리고 있는 것을 보면 선돌이 육림사 안에 있었던 것이 분명하다.

해방 직전에 선돌이 있는 논의 임자가 벼 몇 포기 더 심으려고 선돌을 치우려다 큰 변을 당했다 한다. 선돌에 손을 댄 후 집안에 우환이 잇달아 결국 넘어뜨렸던 선돌을 세우고 굿을 하는 등 정성을 드렸다. 그러자 우환이 그쳤다 한다.

현재 선돌을 돌보고 있는 배씨는 30대 이후 늘 몸이 약해 무척 고생했단다. 그런데 어느 날 문득 해방 전의 일이 생각나 선돌을 열심히 섬기기 시작하니 그때부터 병이란 걸 모르고 30여 년 간 젊은이 못지않은 건강을 유지하고 있다는 것이다.

선암사 가는 길에서 만나는 비녀바위

승주읍에서 선암사로 가는 길로 4킬로미터 가량 가면 길 오른쪽 산비탈(승주읍 신학리)에 한 쌍의 비녀 같기도 하고 남근석 같기도 한 바위가 나타난다. 이 바위는 쌍바위 혹은 비녀바위라 불린다.

원래 하나로 된 바위인데 윗부분이 두 쪽으로 갈라져 있다. 길 가에서 돌을 던져 갈라진 틈 속에 들어가 얹히면 득남한다고 한다. 바위 높이가 3미터 가량인데다 언덕 위로 3미터쯤 떨어져 있어 돌을 던져 얹히기는 쉽지 않을 것 같다. 요즘도 돌을 던져 올리는지 바위틈 사이로 여러 개의 돌이 끼여 있다.

마침 들에 나가던 40대의 한 농부가 "옛날에는 돌을 던지는 여자가 무척 많았는데 요즘 누가 그런 걸 믿겠느냐."면서 웃기만 한다. 비녀처럼 생겼다는 이 바위는 옆에서 보면 남근형이고 정면에서 보면 여근형이다. 복합형 성석인 셈이다.

동사리 동구물 선돌
이 선돌은 짚 삿갓을 쓰고 있는 우람한 남근이다.

태곳적부터 내려오는 신성스런 우물, 월출산 여근샘

달이 떠오르는 월출산 정상 구정봉을 오르다 보면 돌틈 사이에서 크고 잘생긴 남근석을 발견할 수 있다. 신기한 것은 그곳에서 4백 미터쯤 떨어진 곳에 어마어마한 크기의 여근샘이 있다는 것이다. 굴처럼 생긴 구멍으로 들어갈수록 여자의 성기를 닮았는데 그 높이가 2미터는 족히 된다.

이곳은 자연의 풍화작용이 아니라 태곳적부터 제단으로 사용되었던 신성스런 샘이다. 동물(제물)의 피나 물을 넣어 놓고 하늘에 제천의식을 행하던 곳으로 자연적으로 만들어진 것이 아니라 사람의 손길이 닿은 작품이다.

이 샘은 아무리 날이 가물어도 마르지 않는다. 지금도 기도하는 여자들이 밤샘을 하는 모습을 흔히 볼 수 있다고 한다. 아침 햇살

월출산 구정봉 여근 구멍과 그 내부
굴처럼 생긴 구멍으로 들어갈수록 여자의 성기를 닮았는데 그 높이가 2미터는 족히 된다.

이 굴 속으로 들어오면 기도를 끝내야 한다고. 근래에는 무당들이 찾아와 굿을 하기도 한다.

이웃 섬의 노여움 사 고환을 잃은 달리도 남근석

한쪽 고환을 도둑 맞았다는 남근석이 있는 달리도에 가려면 목포에서 배를 타야 한다. 돌아 나오는 배편은 하루 세 번. 40분이면 달리도에 도착한다.

넓이가 5천 평쯤 됨직한 남근석이 있는 섬은 나루터에서 2킬로미터쯤 떨어진 곳에 육로로 이어져 있다.

남근석은 바닷물에 반쯤 잠긴 큰 바위 위에 포개져 있는 바위의 움푹 들어간 곳에 숨어 있어서 섬 쪽이나 물가에서는 잘 보이지 않고 물에 잠긴 바위를 기어올라가야 볼 수 있다.

길이 1.5미터, 직경 60센티미터쯤 되는 우람한 남근석은 힘을 불끈 쓴 채 목포 유달산(228미터) 쪽을 향해 튀어나와 있다. 바위 밑에 숨어 툭 불거진 귀두를 슬그머니 내밀고 있는 모습이 흉물스럽다.

남근석이 숨어 있는 바위 위에는 직경 2~3센티미터로 패인 알터가 15센티미터 간격을 두고 해안선 방향으로 10개, 섬 쪽으로 5개가 직각을 이루고 있다. 달리도의 남근석은 바로 코앞에 매혹적인 여근석이 유혹하고 있는데도 거들떠보지 않고 고하도 쪽을 노려보고 있을 뿐이다.

고환이 그 왼쪽에만 달려 있다. 옛날에는 아들을 얻기 위해 이 남근석에 치성을 드리는 사람이 많았다는데 요즘에는 거들떠보지도 않는다. 남근석이 있는 달리도에선 아들을 많이 낳았다. 이웃

섬인 고하도엔 여근석이 있어 딸을 많이 낳았다. 어느 날 밤 고하도 사람들이 배를 타고 달리도에 숨어들어 남근석의 고환 한쪽을 떼어 부리나케 도망치는데 노한 해룡(海龍)이 배를 뒤집어 고환이 바닷속 깊이 잠기고 말았다는 얘기가 전해온다.

흑산도 대리 입구에 마주선 영감·할멈바위

목포 여객선 터미널에서 흑산도로 가는 여객선을 타면 안좌도에 들렀다 간다.

목포에서 안좌도까지는 1시간 40분 가량. 섬 남쪽 끝인 대리에 영감·할멈으로 불리는 암수석이 있다. 읍동 나루터에서 대리까지 버스가 하루 4~5회 왕복한다. 밭 가운데로 난 흙길을 기어가듯 가는 버스는 승객이 서라는 곳이면 어디든지 멈추어 주었다. 암수석은 안창마을이라는 대리 입구 도로 좌우에 2백 미터 가량 거리를 두고 동서 방향으로 밭 가운데 우뚝 서 있다.

마을로 들어서면서 볼 때 왼편에 있는 것이 영감이고 오른쪽이 할멈이다. 마을 길목에 파수꾼처럼 버티고 있는 이 남녀근석은 거칠게 다듬은 것으로 생김새가 특이하다.

영감은 폭 40센티미터의 4각 돌기둥으로 높이가 2.5미터쯤 된다. 밑부분은 높이 60센티미터의 지대석(址臺石)이 받치고 있고 윗부분은 삿갓모양의 귀두를 다듬어 놓았다.

할멈 역시 폭 40센티미터의 4각 석주 위에 다듬어져 있다. 높이 1.3미터로 얼핏 보아서는 영감보다 할멈 쪽이 더 남자답다. 그러나 잘 살펴보면 하늘을 찌를 듯 기세 당당하게 뻗어 있는 영감은 분명 남성적이고, 둥글고 부드럽게 다듬어져 있는 할멈은 여자답게

구대리 야산의 여근석
여근석 속에서 물기가 스며 나오는지 이끼가 무성하게 자라 있다.

보인다.

안창마을에선 영감·할멈이란 이름 외에도 티석·석물·망두석·망주석 등으로 부르고 있다.

몇 년 전까지만 해도 매년 음력 정월 초사흗날 왼 새끼를 꼬아 금줄을 치고 음식을 차려 제사를 지냈으나 요즘 와서는 소홀히 하고 있다 했다. 마을의 기와 업이 빠져나가는 것을 지키고, 들이닥치는 액을 막기 위해 수백 년 전에 세워진 것이라 했다.

구대리 야산 꼭대기에 있는 여근석

안좌도 구대리(舊垈里) 마을 앞 야산 꼭대기에 있는 높이 5~6미터의 바위가 여근석이다. 속에서 물기가 스며 나오는지 이끼가 무성하게 자라 있다. 앞쪽엔 소나무를 무성하게 심어 바위를 가리고 있다. 소나무를 쳐버리면 구대리뿐 아니라 이웃 마을 처녀들까지 바람난다 했고, 가까이 가기만 해도 부녀자들의 가출(家出)이 심하다 하여 함부로 올라가지 못하게 하고 있다.

음력 정월 초이튿날 세 사람의 제관을 뽑아 제사를 지냈는데 요즘와선 지내지 않고 있다. 몇 년 전 어느 주민이 여근석에 슬그머니 접근하여 소나무를 쳐보았으나 아무 탈없어 이제는 세심히 신경쓰지 않는다 했다.

심동마을 뒷계곡에 정답게 서 있는 영감·할멈바위

심동마을 뒤 계곡 쪽으로 1킬로미터 가량 들어가면 남녀근석이 있다. 영감바위로 불리는 바위는 목장을 만들기 위해 초지를 조성한 곳에 귀두모양을 하고 있는데 직경이 5미터쯤 된다.

할멈바위는 영감바위에서 2백 미터 가량 떨어진 계곡 쪽에 있다. 담쟁이 덩굴을 뒤집어쓰고 있어 형태를 알아보기 어렵다. 할멈바위 밑 샘물은 어떤 가뭄에도 끊이질 않고 줄기차게 솟아나 그 물로 아래쪽은 작은 저수지가 된다.

3백50여 년 전 병자호란으로 몇 해 동안 마을을 비워 두었을 때 논밭의 곡식이 모두 죽고 말았으나 이 샘 주위에서만 곡식이 무성하게 자라 그것으로 종자를 삼았다는 얘기가 전해진다. 또 20여 년 전 전국적으로 심한 가뭄이 들었을 때 섬 전체가 모를 내지 못했으나 이곳만은 할멈바위에서 솟는 샘물로 모내기를 할 수 있었다. 마을에서는 영감바위와 할멈바위를 신성하게 여겨오고 있다.

아직도 정월 보름을 전후해서 이 바위를 찾는 치성객이 끊이지 않고 있다. 아무튼 믿음직한 영감바위는 정력이 용솟음치는 할멈바위를 거느리고 있어 그런지 느긋한 표정을 짓고 있다.

지도 봉리 산중턱에 다소곳이 서 있는 여근석

전남에서 가장 큰 섬 지도(知島)는 무안군 옆에 있지만 신안군에 속한다. 지도는 육로로 이어져 있어 목포 버스터미널에서 지도읍까지 가는 직행버스를 타면 1시간 10분 걸린다.

여근석이 있는 봉리(鳳里)는 심동마을이라고도 불린다. 지도읍에서 연결되는 군내 버스가 하루 3~4회 다닌다. 심동마을에서 2백 미터쯤 거리를 둔 앞산 중턱에 폭 10미터, 높이 6미터 가량 되는 큰 바위가 하나 있다.

둥글넓적한 것이 궁둥이처럼 생겼다. 바위 가운데 아래쪽이 여근이다. 여근 위 배꼽 부분에 해당되는 곳에 있는 구멍에서 물이 졸졸 아래쪽으로 흘러 항상 물기에 젖어 있다.

이런 모양이 보기 흉하다고 여근석 옆에 선산(先山)을 둔 자손들이 몇 년 전 물이 솟는 구멍을 시멘트로 막아버려 전처럼 실감나는 여근 모습을 볼 수 없게 됐다고 했다.

여근석 위쪽에는 말 발자국 모습이 남아 있다. 옛날 이 바위에 빌어 태어난 장사가 탄 말 발자국이라는 것이다. 여근석 앞엔 소나무가 빽빽히 심어져 있어 마을에선 바위 윗부분이 약간 보일 뿐이다. 흉한 여근석의 모습이 마을에서 보이지 않도록 소나무를 심어 가렸다.

대형 남근석을 개울에 버려 폐촌이 되다

강진군 신전면 영관리 금학마을의 3미터 길이의 남근석은 개천

바닥에 넘어져 있다. 여근석은 남근석에서 30미터 떨어진 언덕에서 남근석을 내려다보고 있다. 실개천 가에 있던 남근석이 20여 년 전 큰 물이 났을 때 넘어졌다고 했다.

남녀근석 주변은 수풀이 키를 넘게 우거져 있다. 이 마을 김정덕(50세) 씨는 자신이 어렸을 때인 30여 년 전엔 30여 호나 살았고 이 바위를 찾는 치성객이 많았다고 한다. 여근석에서 돌을 던져 남근석을 맞히면 아들을 낳는다고 하여 장난도 많이 했다는 것이다. 당시만 해도 금학마을은 모두 부농이었다.

그러나 어찌된 영문인지 남근석이 넘어진 이후 마을이 시들해지면서 한두 집 떠나기 시작해 몇 년 전엔 완전히 빈 마을이 되고 말았다. 남근석이 넘어지면서 마을의 기운이 다 빠져나갔기 때문이라는 것이다.

그런데 남근석 주변에 이상한 일이 일어났다. 남근석 맞은편 개천가에 우람한 남근석이 또 하나 나타난 것이다. 몇 년 간 이곳에 오지 않았던 김씨도 처음 본다고 했다.

큰 비로 개천이 범람했을 때 개천가 언덕 흙 속에 묻혀 있다가 튀어나온 듯한데 넘어지지 않고 꼿꼿이 개천 가운데 서 있는 것이 범상치 않다. "새로운 남근석이 생겼으니 마을이 다시 부활될 것 같다."는 김씨는 이곳은 누가 봐도 범상치 않는 지형임을 느낄 것이라고 했다.

삼덕리의 암수 당산나무

함평군 신광면 삼덕리 한 쌍의 당산나무는 나라에 변고가 있을 때마다 슬피우는데, 동쪽에 있는 것이 수나무고 서쪽이 암나무다.

수나무는 울퉁불퉁한 것이 남성다워 보이고 암나무는 밑둥치와 가지가 매끄러운데다 아랫부분이 여근형으로 되어 있어 그 구별이 쉽다. 밑둥치 직경이 2미터 가량. 천 년은 됐다고 했다. 두 나무는 10미터 가량 떨어져 정답게 마주보고 있다.

그런데 이 나무가 울면 반드시 좋지 않은 일이 일어난다 한다. 당산나무 바로 옆에 사는 모상풍(68세) 씨는 일제 때 주로 많이 울었고 해방 후 호열자(콜레라)가 번졌을 때, 여순반란 사건 때, 6·25사변이 나던 날도 어김없이 울었다는 것이다.

주로 밤중에 '웅-웅' 하는 소리를 내며 우는티 나무가 울 때는 그 소리 때문에 온 마을 사람들이 잠을 깨게 된다. 이상한 것은 울다가도 사람이 가까이 가면 울음을 뚝 그친다는 것이다. 특히 6·25사변 때는 암나무가 붉은 수액까지 흘리며 울었단다. 최근에 운 것은 광주사태 때라고 했다.

아차동마을의 선돌 미륵할머니

서해에서 내륙 쪽으로 들어간 함평군 대동면 덕산리 아차동마을에 미륵할머니로 불리는 영험한 선돌이 있다.

마을로 들어가다 보면 마을 입구에 높이 1미터 정도의 배불뚝이 선돌이 있고 마을 앞 당산나무에는 높이 1.3미터 가량 되는 남근형 선돌이 버티고 있다.

미륵할머니는 당산나무 왼쪽 길가에 지어진 집 안에 모셔져 있다. 높이 1.5미터 크기의 미륵할머니는 어진 할머니 모습인데 미륵 앞에 큰 참외만한 돌이 5개 놓여 있다. 이 돌이 할머니의 손자들이라 한다. 이 마을에선 미륵을 할머니라고 부르고 당산나무 밑

선돌을 아들, 마을 입구 선돌을 며느리라고 부른다. 아들선돌은 우락부락한 모습을 하고 있어 남성적이다. 며느리선돌은 임신부의 모습을 빼닮았다. 누가 봐도 이 세 개의 선돌이 다산과 풍요를 상징하고 있다는 것을 금방 알 수 있다.

마을 사람들은 미륵할머니를 무척 정성들여 섬긴다. 매년 음력 2월 1일 제를 올리는데 마을의 큰 샘을 모두 치우고 새로 솟는 물로 음식을 장만한다. 제관은 그 물로 목욕을 하여 몸을 깨끗이 한다.

마을에 궂은 일이 있거나 부정한 일이 생기면 제사를 다음 달로 미룬다. 또 제관으로 뽑히면 한 달 전부터 문밖 출입을 삼가고 몸을 정결히 한다.

아차동마을 며느리 선돌
마을 입구에 있는 이 선돌은 임신부의 모습을 빼닮았다.

언젠가 제사 음식을 만들기 위해 씻어놓은 쌀에 강아지가 주둥이를 댔는데 그 쌀로 떡을 빚어 제사를 지냈더니 미륵할머니가 밤새 벼락치는 소리를 내며 노해 마을 사람들이 잠을 설쳤다고 했다. 또 10여 년 전 제사를 소홀히 했더니 마을에 우환이 연달아 생겼다.

그후 온 마을 사람들이 마을을 청소하고 정성껏 지내고 있는데 그래서인지 마을의 모든 일이 뜻대로 이루어지고 있다고 한다.

이장인 배규철(30세) 씨의 말에 의하면 옛날 가을 사람들의 꿈에 미륵할머니가 나타나 산에서 모셔온 것으로 알고 있다고 했다.

진도 오산리 신석기 시대 유물, 수살막이 선돌

진도군 고군면 오산리 진도 연육교를 건너 진도읍에 들어가다 보면 왼쪽 마을 앞 야산 기슭에 선돌과 고인돌이 사이좋게 서 있다.

이 마을 조월영(52세) 씨는 옛날 이곳에는 10여 개의 고인돌과 선돌이 있었는데 농지정리 등으로 없어지고 요즘은 5~6개의 고인돌과 선돌 하나만 남아 있다고 했다. 선돌이 서 있는 지형이 마을 입구인 것을 보면 수살막이 선돌로 짐작되는데 바위에 이끼가 짙게 덮여 있어 세월을 어림할 수조차 없다.

고인돌과 관련이 있는 선돌이라면 그 모양이 남근형이므로 옆의 고인돌은 남자의 무덤일 것이라는 추측이다.

오산리를 돌아나와 진도읍 쪽으로 2킬로쯤 내려가다가 왼쪽으로 들어가면 암수선돌이 있는 군내면 용장리이다. 마을 들머리에서 왼쪽에 있는 것이 수선돌이고 맞은편 오른쪽 것은 암선돌이다. 몹시 다정한 듯 마주보고 서 있다. 옛날에는 마을을 드나들 때 선돌에 인사를 할 만큼 극진했다.

　머리부분이 뾰족하고 남근형인 수선돌과 머리부분이 편편한 것이 암선돌이라 했다. 이들 선돌 역시 신석기 후기의 것으로 보고 있다.

성(性)의 우리말 어원 '씨'

서정범(경희대 명예교수)

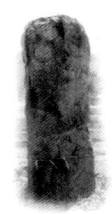

어느 민족이든 옛날 사람들은 공통적으로 성기 숭배사상이 있다. 그때의 신앙은 풍요를 기원하는 것이 주된 것이었다. 아이 낳고 사냥하고 가축을 기르고 농사를 짓는 등 이 모든 것이 풍요롭기를 기원하는 것이 종교의 모든 것이었다고 할 수 있을 정도였다.

우리나라에서도 부군당(府君堂)은 성기를 모시고 숭배하던 당이었다. 이것은 자지당(紫之堂), 또는 부근당(府根堂)이라고도 표기된다. 아들바위 또는 자식바위라고 해서 남근 모양의 바위에 기원하면 자식을 얻을 수 있다는 것은 전국에 퍼져 있는 기자속(祈子俗)이라 하겠다.

아울러 장승이나 부처님의 코를 떼어서 갈아 먹으면 자식을 얻을 수 있다는 것도 성기 숭배사상의 한 면이라 하겠다. 무덤의 좋은 자리를 여자의 성기나 유방형 같은 곳을 택하는 것도 바로 성기 숭배사상에서 비롯된 것이다. 무덤 뒤 좌청룡 우백호라는 것도 실은 어머니의 양 살을 의미하는 것이다.

이렇게 무덤이 여자의 성기와 관련된 것은 어머니한테서 자식이 태어나듯 죽은 사람이 다시 태어나기를 기원하는 사상에서 비롯되는 것이며 모태 회기 현상이라 하겠다.

그럼 이제 성에 관한 어휘에 대하여 그 어원을 살펴보도록 하자.

1. 붙 계어(系語)

남녀의 결합을 흔히 붙었다고 한다. 붙다라는 어원은 무엇일까. 우리말에는 신이 '신다', 띠가 '띠다', 품이 '품다'와 같이 명사가 동사로 바뀌는 현상이 있다. 붙다의 '붙'이 명사가 된다고 하겠다. 'ㅋ·ㅌ·ㅍ·ㅊ'은 'ㄱ·ㄷ·ㅂ·ㅈ'이 후대에 가서 변한 것이다.

그러니까 붙의 옛말은 '붇'이 된다. 붇의 끝음 ㄷ이 ㄹ로 변하면 '불'이 된다. 불두덩·불거웃·불친다·불알 할 때 불은 성기의 이름을 지닌다. 그러므로 붙다는 '불'의 결합을 의미하는 것이다. 성기를 숭배하던 부군당·부근당·자지당의 부근은 '불금'의 음사(音寫)로서 종신(種神)의 뜻. 금은 신(神)의 뜻을 지니는 말로서 님금(王)은 주신(主神)의 뜻을 지닌다.

뿌리(根)도 불에서 비롯한 말이고 무속에서 이르는 부리, 즉 조상의 영혼·조상 등의 뜻을 지니는 부리도 불(種)의 뜻을 지니는 말인 것이다.

붇(불)의 어원도 씨의 뜻을 지니는 ㅂ이 볼로 변하고 여기에 옴이 붙은 보롬이 보옴이 되고 다시 봄으로 된 말이다. 봄은 씨를 뿌리는 계절이다. 음력으로 15일을 보름이라 한다. 둥근 달을 보름달이라 한다. 보름이라는 말은 볼에 옴의 접미사가 붙어서 된 말이다. 둥근 달을 하나의 씨앗으로 이해했다고 볼 수 있겠다.

2. 잦 계어

잦이나 좆은 모두 같은 어원에서 모음 차이만 있을 뿐이다. '조지다'라는 말은 좆에 '이다'가 붙어서 된 말이다. ㅈ은 옛날에는 없었던 자음으로 ㄷ에서 변한 음이다.

고창 임지마을의 남근석
남근 모양의 바위에 기원하면 자식을 얻을 수 있다는 것은 전국에 퍼져 있는 기자속이다.

따라서 잦은 닫으로 소급된다. 이 닫이 일본에 건너가 말의 ㄷ이 ㄴ으로 바뀌면 다네(種)가 되고 다니(男根)가 된다. 중국어에서 종(種)이 광동음으로는 tow, 북경어로는 tay다. 이 종의 조어(祖語) 닫이 국어에서는 구개음화하여 잦·좆으로 변한 것이다.

15세기 어(語)로는 젖(乳)이지만 소급해 올라가면 덛이다.

3. 알 계어

알은 국어에서 새알·생선알 등 난(卵)의 뜻을 지니지만·쌀알 콩알 할 때 알은 열매(實)의 뜻을 지닌다. 알맹이 알자 할 때 알은 핵(核)이란 뜻을 지닌다.

만주어에서 Algan, Alganamabi, alsun 등에서 어근은 AL이다. 국어의 알(卵·實·粒)과 비교된다. 불알·공알 등의 알이 곧 씨와 핵(核)이란 뜻을 지닌다.

4. 얼 계어

누구와 얼려 다닌다든지 얼렸다든지 하는 말이 있다. 얼다의 옛말은 관계하다의 뜻을 지니는 말이다. '얼이다'는 시집보내다의 뜻을 지니며 《훈몽자회》라는 문헌에 의하면 얼일가(嫁)가 나온다. '얼다' '어이다'의 얼은 알의 모음이 바뀌어서 분화한 말이라고 생각할 수 있다. 알 얼의 결합이 된다고 하겠다. 붙다의 어원과 공통된다고 하겠다.

5. 씨 계어

싹(芽)은 산 〉 살 〉 삵 〉 삭의 발달이다. 심다(植)라는 말의 심은 신 〉 실 〉 실임 〉 시임 〉 심의 발달로서 씨의 뜻을 지니는 말이다. '씹'이라는 말도 신 〉 실 〉 싧 〉 십의 발달로 보여진다. 문헌에 십에 대한 표기는 풀이름에 나타난다. 둙의 십갑이(鴨跖)〈柳物·三·草〉둙의 십갑이(繁蔞)〈東医·湯液·35〉'딪의 십갑이'는 풀의 이름인데 십이 문헌으로 나타나는 유일한 예가 된다.

그러나 씨(種)와 입(口)과의 복합명사로 보는 견해도 있으나 증명할 자료가 아직 발견되지 않는다. '샷기'의 어근 '샷(살)'은 바로 씨의 뜻을 지니는 말이라 하겠다. 이렇듯 성기에 관한 어휘들은 거의 '씨'의 본 뜻을 지니는 말이라 하겠다.

5장 – 전북 지역

신묘한 힘, 마을의 음기를 막다

"내가 열 살 때였어. 어찌된 판인지
늗근석이 넘어졌는데 아무리 가물어도
ㅁ르지 않던 우물이 말라버리지 않겠어.
거다가 그 맑던 우물 물이 누런 고름같이
쏜은 물로 변했지 뭐야."
ㅁ을 사람들이 남근석을 다시
일으켜세우자 우물 물은 다시 맑아졌다.

전북 지역
신묘한 힘, 마을의 음기를 막다

"저쪽 군(郡)에 있는 삐삐 말란 것이 말이여 볼품없지라. 적어도 요 정도는 돼야 쓸 것 아녀."

남근은 5월의 따가운 햇볕을 받으며 벌판 한복판에 우뚝 서 있다. 부끄러움이나 쑥스러움은커녕 기세도 당당하게 돌기해 있다. 남근석 옆에서 모내기를 하고 있던 농부가 활짝 웃으며 자기 마을 것이 제일 믿음직하게 잘생겼다고 자랑을 늘어놓았다.

"남근이 뭐시당가 남근이. 워찌 그리 어려운 말을 써넝가."

실제로 남근이니 여근이니 하는 것은 점잖을 빼서 하는 표현이다. 전라북도 곡창 지대인 옥구·정읍·고창·순창·남원의 벌판에 버티고 서 있는 갖가지 성석은 저마다 독특한 전설을 가지고 제 마을을 대표하듯 뽐내며 그렇게 서 있다.

대방마을의 총각바위

서울이나 경기도에 산재한 성석이 기자나 기복을 나타내는 토속 신앙의 대상물이라면 곡창 지대인 전라북도의 성석은 대부분 수살막이 구실을 하는 게 특징이다.

수살막이란 쉽게 얘기해서 마을의 음기(陰氣)를 막기 위한 조치이다. 굳이 풍수지리설을 따지지 않더라도 마을이 있는 자리나 또 마을 앞에 펼쳐진 지형이 야릇하게 생겼다면 대책을 세워야 하는 게 당연하다.

따라서 나무를 심어 잘 보이지 않게 시야를 가리든지, 남근형의 돌을 구해다 지혈(地穴)을 눌러놓기도 했다. 말하자면 수살막이란 마을의 풍기문란을 사전에 예방하기 위한 옛 사람들의 지혜이다.

"요 앞에 보이는 황토산 있지라. 비가 오면 벌건 물이 마구 흐른단 말이여."

옥구군 개정면 발산리 대방마을의 채규하(70세) 할아버지는 마을을 감싸고 있는 야트막한 대방산을 가리키며 유심히 보라고 껄껄 웃었다.

이 산은 큰 달팽이 모양이라 해서 대방(大蚊)이라는 이름을 붙였다. 좌청룡 우백호에 봉긋하게 싸여 있는 봉우리가 영락없이 달팽이 모양의 살이다. 한가운데가 딱 갈라져 계곡이 되어 있고 주위에 아카시아 나무로 둘러쳐져 쉽게 알아볼 수 없게 해두었다.

"이것이 말이여, 요새 사람들은 총각바우라고 허는디 총각바우가 아니고 좆바우여."

지금은 논바닥이 돼버렸지만 대방산 계곡물이 흐르는 개천의 양쪽에 높이 1.63미터, 둘레 1.8미터 가량의 남근석 두 개가 산을 보고 서 있다.

북쪽의 총각바위
대방산 계곡물이 흐르는 개천 양쪽에 남근석이 있는데, 북쪽에 있는 이것은 산을 보고 기울어져 있는 상태다.

북쪽에 있는 남근석은 지금 산을 보고 기울어져 있는 상태이며 남쪽의 것은 절반 이상이 흙에 파묻혀 남근인지 돌덩어리인지 모르게 방치되어 있다. 대방부락에서 벌판을 지나 바로 서쪽에 있는 마을이 삼수동. 삼수동은 지금 군산시 운동장 옆 동네로 대방산이 마주보이는 곳이다.

서해의 낙조는 유명하다. 서쪽으로 해가 지면서 붉은 노을이 깔리면 황토의 대방산은 영락없는 여자의 살이 되고 만다. 20호 가량의 주민이 살고 있는 삼수동에서는 한때 부녀자들이 바람이 나 근친상간까지 자주 생겼다고 한다. 하지만 삼수동의 어른들이 남근석을 구해 대방산 아래 수살막이로 꽂아둔 이후 그런 사고는 사라졌단다.

"이 바우를 꽂은 것이 3백 년은 더 됐을 거여."

해방 전까지는 정월 보름이면 삼수동 어른들이 여기에 와 금줄을 치고 제(祭)를 지냈지만 요즘 사람들은 이 바위의 전설조차 잊고 있다고 했다.

남쪽의 총각바위
절반 이상이 흙에 파묻혀 남근인지 돌덩어리인지 모르게 방치되어 있다.

소라니마을의 남근형 산, 여근형 마을

수살막이 남근은 옥구의 대방부락뿐 아니라 남원군 송동면 송내리 소라니마을에도 있다.

남원에서 승용차를 타면 남쪽으로 불과 10분. 소라니마을은 송동면 사무소 들머리에 있다. 소라니는 솔안, 즉 소나무 안이라는 뜻의 이름이 한자로 바뀌면서 송내(松內)가 됐다. 개천을 중심으로 남쪽은 논이며 북쪽에 마을이 모여 있다. 남쪽 논 주위에 나지막한 야산이 마을을 옆으로 보고 앉아 있다. 이 산이 바로 풍수지리학상 남근 형국이며 마을이 있는 곳이 여근 형국이다.

여근형으로 생긴 마을이 남근처럼 생긴 산을 보고 있으니 수살막이는 필연적으로 따를 수밖에 없다. 마을에서 정남쪽 1백 미터 지점에 높이 1.4미터, 둘레 1.7미터의 직사각형 돌을 세워 음기(陰氣)를 막았다. 이것으로도 부족해 마을 앞 개천에 80여 그루의 버드나무를 세워 여근 형국을 가려 놓았다.

얼마나 오래 전에 심었는지는 모른다. 고목이 된 버드나무 하나의 크기가 두 아름 이상이 되는 것으로 봐 꽤 오래 전에 심은 모양이다.

그런데 3년 전 새마을사업을 한다면서 이 고목들 중 서너 그루만 남기고 다 베어버렸다. 마을에서 옛부터 전해오는 전설은 다 알고 있었지만 설마 했는데 나무를 베고 나서 동네에서는 한두 건씩 남녀간의 사고가 생겨 말썽이 되고 있다.

남녀간의 사고야 사람 사는 곳에 있게 마련이지만 남원군 공보실의 김형진(46세) 씨나 수살막이 앞에서 논갈이를 하던 마을 사람 양춘식(38세) 씨도 "그 참, 우연치고는 너무 요상하네요." 한다. 마을에서는 베어낸 버드나무 자리에다 다시 나무를 심었지만 심은 나무의 크기가 이제 겨우 어린이 손목만하다. 이 나무가 커서 앞산을 가릴 정도가 되려면 수십 년은 더 기다려야 하니, 소라니마을 사람들이 불안하다는 얘기가 이해갈 듯도 했다.

수살막이의 백미, 내춘마을

수살막이의 백미라고 한다면 역시 남원군 주천면 호경리 지리산 국립공원 육모정 입구의 석녀곡(石女谷)이 있는 내춘마을이다.

석녀라는 이름이 풍기듯 이 골짜기의 바위 하나가 문제의 여궁형(女宮形)이다. 석녀곡의 물은 이 바위를 타고 흘러 내춘마을 앞을 지나 남원 광한루 앞을 흐르는 요천(蓼川)이 된다. 남원에서 8킬로미터, 육모정 입구 아스팔트길 왼쪽에 호경상회라는 간판이 있고 여기서 오른쪽으로 나 있는 밭길을 따라 계곡을 건너면 문제의 석녀곡 입구.

석녀곡 입구 송림 속에 '약수터 제1곡'이란 안내판이 있고 안내판 앞에 높이 10미터, 폭 2미터, 길이 15미터 가량의 높게 쌓은 돌담이 보인다. 숲을 이룬 소나무는 둘레가 한 아름에 키는 20미터가 넘을 것 같다. 이 송림과 돌담이 바로 석녀곡의 여궁석과 마을

내춘마을의 수살막이
송림과 돌담이 바로 석녀곡의 여궁석과 마을을 차단하는 수살막이이다.

석녀곡 여궁석
계곡을 따라 약 2백 미터 가량 오르면 계곡을 건너는 징검다리 바로 오른쪽에 있다.

을 차단하는 수살막이이다.

　문제의 여궁석은 돌담의 오른쪽 귀퉁이로 난 계곡을 따라 약 2백 미터 가량 오르면 계곡을 건너는 징검다리 바로 오른쪽에 누워 있다.

　일인용 욕조같이 생긴 작은 석탕(石湯) 위로 옴폭 들어간 자리하며 바위의 색깔까지 불그스름해 누가 보아도 얼굴이 붉어질 정도로 묘하게 생겼다. 게다가 풍수지리상 이 방위가 을자(乙字) 방위여서 마을을 향해 음기를 뿜어내고 있다고 했다. 만약 송림이나 석벽으로 막지 않았다면, 내춘마을에서 계곡을 볼 때 이 바위가 바로 눈에 들어오게 되어 있다.

　아침에 해가 뜨면서 이 여궁석 위로 흐르는 물에 반사된 물빛이 보이면 마을은 쑥대밭이 된다는 얘기다. 마을 부녀자들이 바람나는 것은 둘째치고 상피까지 난다고 했다. 처음에는 소나무를 심어 시야를 차단했다. 그런데 소나무가 쑥쑥 자라면서 나무 사이로 또 물빛이 비쳐 이번에는 튼튼하게 돌담을 쌓아 철저히 차단해버렸다.

　대대로 이 마을에서 살고 있는 노상복(49세) 씨는 얼마나 오래 전에 소나무를 심고 석벽을 쌓았는지 모른다고 했다. 소나무의 크기나 석벽에 낀 이끼를 가늠해도 수백 년은 된 것 같다.

노씨는 27년 전 83세로 세상을 떠난 할아버지르부터 사내가 이 물로 낯을 씻으면 여자가 잘 따르고, 여자가 목욕을 하면 질병이 없어진다는 얘기도 들었다 한다. 지금도 안내판에는 부녀자들이 이 약수터의 물을 마시고 목욕을 하면, 갖가지 병을 고칠 수 있다고 쓰여 있다.

"아무튼 옛 어른들 덕분에 우리 마을에 풍기문란이란 말은 들어본 일이 없죠."

호경상회에 가서 여궁석이 어디 있느냐고 물어보면 고개를 갸웃한다. 여궁이라면 이 마을에서는 다 모른다. 바로 여자의 성기 이름을 붙여 물어보면 바로 저기라고 가리킨다. 노씨 또한 석녀곡은 최근에 붙여진 이름이고 원래의 이름은 ××골이라고 했다.

마을을 지켜주는 수호신, 원백암리의 남근석

정읍군 칠보면 원백암리의 남근석은 지방민속자료 13호로 지정되어 있을 만큼 유명하다. 남근석치고는 왜소하게 생겼지만 마을 사람들 말로는 영험 하나는 최고라며 예사로 아끼는 것이 아니다.

신당수인 골감나무 그늘 아래에서 따가운 햇볕을 피해 시원하게 서 있는 남근석 앞에서는 지금도 매년 음력 정월 초사흗날 사람들이 모여 제사를 지낸다. 마을 사람들이 일일이 제사 비용을 내고 삼색실과 돼지머리 등을 준비한다. 다른 곳의 제사와는 달리 한 번 쓴 제기(祭器)는 모두 버리고 제를 올릴 때마다 모두 새것으로 구한다. 또 제에 올릴 돼지머리·쌀 등 제물을 살 때는 절대 깎지 않고 부르는 대로 값을 쳐준다. 원래는 이 남근석을 중심으로 장군석·돌장승 등 24당산이 있었으나 지금은 모두 없어지고 말았다.

 남근석 주위에서 사진을 찍고 있자니 마침 논일을 가던 박승만 (64세) 씨가 남근석 유래를 써둔 안내판의 내용이 틀렸다고 지적해 주었다. 안내판에는 3백 년 전에 세웠다고 써놓고 있으나 박씨는 5백 년은 더 넘었다고 목에 핏줄을 세웠다. 자식 없는 여자가 공을 들여 사내를 많이 낳게 해주기도 했지만, 원백암리의 남근석 또한 수살막이라는 것이 박씨의 설명이다.

 마을을 싸고 있는 남쪽의 태자봉과 서쪽의 가랏골, 또 한가운데 비사골의 농바위(민들바위)가 여근형이다. 지금은 일부러 심은 나무가 울창해 폭포처럼 생긴 바위를 가리고 있지만 이 계곡의 물이 비치거나 농바위를 건드리면 바로 건너편의 태인면 오류리 마을의 처녀들이 바람난다 했다.

 "이 돌장승을 좀 보드라고, 장승의 눈이 의안(義眼)이지라. 내가 시멘트로 해 넣은 것이여."

 남근석 바로 옆에 있는 이 장승은 6·25 때 이 마을 최씨라는 의용군이 쏜 총에 코가 떨어졌단다. 최씨는 2킬로미터를 더 못 가 오발사고로 제 총알을 맞고 죽었다 했다.

 마을에서는 남근석과 함께 주위에 있는 장승의 영험을 절대시하고 있다. 마

원백암리 남근석과 석장승
마을에서는 남근석과 함께 주위에 있는 장승의 영험을 절대시하고 있다.

을에 도둑이 없고 도둑질을 하더라도 저도 모르게 장승이나 남근석 앞에 두고 간다고 했다.

지금 이 마을은 마을 앞 논을 네모 반듯하게 정지작업을 하고 있다. 그런데 정지작업을 하는 논 한복판에 또 하나의 돌장승이 버티고 있다. 마을 사람 전체가 모여 회의를 해서 장승을 남근석이 있는 당산에 옮겨 모시기로 했는데 옮길 사람이 없다는 것이다. 무슨 변을 당할지 몰라 모두가 서로 미루기만 하다가 할 수 없이 논바닥 가운데 장승 주위만 그대로 두었다고 했다.

돌을 쪼아 만든 남근석

뿌리부분을 연꽃무늬로 감싸고 몸통을 둘러 친 주름과 힘줄의 정교한 조각은 분명 걸작품이다. 살아 움직이는 듯 울퉁불퉁한 근육 같은 힘줄은 신비함까지 느껴진다. 외설스러움보다는 오히려 경건함이 깃들여 있다.

순창군 팔덕면 산동리 팔왕마을과 이웃 창덕리 덕천마을 들머리에 서 있는 두 개의 남근석은 돌을 쪼아 만든 대표적인 남근석이다. 팔왕마을의 것이 지방민속자료 14호, 덕천마을 것이 15호로 지정되어 있다.

조각을 한 연대는 알 수 없다. 5백 년 전 어떤 여장부가 남근석 두 개를 조각하여 치마에 싸 가지고 오다가 무거워서 한 개는 팔왕마을에 버리고 한 개는 덕천마을에 세웠다고 한다.

또 다른 이야기로는 5백 년 전 덕천마을에 걸인이 살고 있었다. 거지신세라 결혼도 못하니 자식을 볼 수 없음을 비관해 그 설움과 울분 때문에 이 남근을 만들었다고도 전한다.

팔왕마을 남근석
이 남근석이 자칫 넘어지는 날이면 우물 물이 말라버리기 때문에 정성을 다하여 모시고 있다.

높이 1.88미터, 둘레 1.47미터의 남근석으로, 연꽃바위로 불리기도 하는 남근석에 대한 팔왕마을의 자부심은 대단하다. 오랜 옛적부터 남근석 주변에 큰 나무를 심어 숲을 만들었고 그 앞에 정자까지 두어 늘 옆에서 모시는 정성을 보였다. 그럴 수밖에 없는 것이 이 남근석이 자칫 넘어지는 날이면 팔왕마을의 식수인 우물 물이 말라버리기 때문이다.

음양수라 불리는 이 물이 솟아나오는 샘이 또 묘하다. 지난 1979년 5월 샘 위에 시멘트로 창고 비슷하게 지어 우물의 형태를 보지 못하게 됐으나 그 모양이 흡사 삳처럼 생겼다고 이 마을 윤병문(62세) 씨는 말했다. 윤씨는 이 우물에서 1백 미터 앞에 있는 남근석이 이 우물과 밀접한 관계가 있어 세웠을 것이라 했다.

"내가 열 살 때였어. 어찌된 판인지 남근석이 넘어졌는데 아무리 가물어도 마르지 않던 우물이 말라버리지 않겠어. 게다가 그 맑던 우물 물이 누런 고름같이 썩은 물로 변했지 뭐야."

마을 사람들이 다시 일으켜세우자 우물 물은 다시 맑아졌다.

"신비한 음양수지. 희한한 건 말이야. 이 물이 필요한 만큼만 솟아난단 말이야."

50명이 살 때면 50명 분량만큼, 2백 명이면 2백 명 분량 만큼의 물이 나온다. 현재 20호에 주민 1백50명과 개·염소 등 가축 3백50여 마리가 살고 있는데 이들의 충분한 식수가 되고 있다는 얘기였다.

두 아름 남짓한 반석 틈 사이에서 솟아오르는 물은 음부처럼 생긴 샅으로 물이 고였다가 흘러나온다고 했다. 이 물을 식수로 삼으면 절대로 질병이 없다고 했다.

4·19 이후 남쪽에 염병이 돌아 이웃 마을 사람들이 떼죽음을 당했을 때도 팔왕마을 사람들만은 한 사람도 앓지 않았다. 게다가 남근의 덕분으로 이 마을에 자식이 없는 사람은 한 가구도 없다고 했다. 오히려 자식 없는 사람이 이 마을에서 살면 잘생긴 아들을 낳는다고 한다. 자식 많고 모두가 건강하고 또 마을이 화목하니 팔왕마을이 바로 천국이라고 윤씨의 자랑은 끝이 없다.

덕천마을 남근석
이곳이 광주로 통하는 길이었던 관계로 광주 등지에서도 빌러 오는 사람이 많았다고 한다.

시멘트로 음양수를 막기 전까지 마을 사람들은 정월 열나흗날 밤 바가지에 쌀과 미역·과일·삼색실을 담고 또 참기름 불을 놓아 물에 띄우며 빌었다.

높이 1.65미터, 둘레 1.5미터의 덕천마을 남근을 마을에서는 미륵집이라 불렀다. 돌을 집이라 부르는 까닭은 해방 전까지 이 바위를 보호하기 위해 작은 초가를 짓고 그 안에 미륵을 모셨기 때문이다. 초가가 무너진 후 그대로 두었다가 작년에 주위에 철책을 둘렀다.

관리인 조덕환(61세) 씨는 지금도 음력 정월 보름이면 이곳에서 제를 올리는 사람이 많다고 했다.

"우리 마을에 사는 덕천초등학교 윤선생도 이 미륵에 빌어 태어났지라."

윤씨뿐 아니라 이곳이 광주로 통하는 길이었던 관계로 광주 등지에서도 빌러 오는 사람이 많았다 했다.

고창 하씨 바위
이 바위 때문에 하씨집 사람들과 마을 사람들 간의 실랑이가 끊이지 않았다.

화강석으로 다듬어진 포경형의 남근석

석교리의 남근석은 논바닥 수로 가에 쫓겨나 있다. 높이 1.4미터, 둘레 1.2미터. 약간 굽은 듯하게 화강석으로 다듬어진 포경형(包莖形)의 이 남근석이 물가에 제 몸을 비추고 있다.

원래 이 남근석은 부안면 상등리와 석교리의 경계를 흐르는 강선교 옆 하천 제방에 있었다. 귀두가 바로 상등리 음골(陰谷)에 있는 음부석을 보고 있었던 것이다.

음부석은 상동리 김종철(70세) 씨 집 뒤 음골에 집채만한 바위 위에 자연적으로 만들어져 있었다. 바위 위에 직경 30센티미터 가량으로 고목의 괭이모양처럼 만들어진 음부석은 6·25전까지만 해도 득남을 바라는 이 마을 부녀자들이 치성을 드리던 곳이었다.

남근석도 많은 사람들이 치성을 드려 영험 있는 바위로 사랑을 받아왔는데, 1백50여 년 전 손이 없던 석교마을 하씨댁 부인이 아들을 점지해 달라고 밤마다 치성을 드린 보람으로 대를 잇게 된 이래 하씨댁 후손들이 신주 모시듯 했다.

그런데 이 남근의 귀두가 음골을 보고 있어 상등리 처녀들이 바람난다고 생각하기 시작했다. 마을 사람들이 밤에 몰래 이 남근석을 뽑아 물 속에 던져버렸고 하씨들은 다시 찾아 세우는 일을 계속 되풀이했다.

하씨집 사람들과 마을 사람과의 실랑이는 계속됐고 하씨 일가의 철통 같은 방비 때문에 남근석을 어찌하지 못한 마을 사람들은 지난 1960년 초에 음부석을 곡괭이로 쪼아버리고 말았다. 남근석 또한 20여 년 전 큰 홍수에 제방이 무너지는 바람에 옮겨야 해서 하씨 일가는 남근석을 아예 석교리 옹골의 당산나무 밑으로 옮겨놓았다.

이번에는 석교리 사람들이 들고 일어났다. 남근석 때문에 교통사고가 잦고 동네에 궂은 일이 자꾸 생긴다며 딴 곳으로 옮기라는 성화였다. 안 옮기면 부서버리겠다는 얘기도 나왔다. 특히 부녀자들의 반발이 더 심했다.

상등리 음부석
이 바위는 음골의 집채만 한 바위 위에 자연적으로 만들어졌다.

"마을 전체가 옮겨야 산다는디 워쩔 것이여."

지금도 음력 정월 열나흗날 저녁과 칠월 칠석날이면 제를 올리는 하정길(50세) 씨는 작년에 마을에서 꽤 멀리 떨어진 논가 수로변에 이 남근을 옮겨놓았다.

"옮겼으면 사고가 안 나야제. 옮기도 나서도 교통사고로 마을 사람 둘이 한목에 죽어 부렸응께."

하씨는 다시 당산 밑으로 옮겨야겠다며 남근석을 어루만지고 있다. 많은 양이 흐르던 상등리 음골의 물도 음부석을 쪼아버리고 나서는 말라버렸다. 이기화(李起華) 고창문화원장도 이 음골에 전보다 더 나무를 심었는데도 계곡물이 바싹 말라버린 것은 정말 이상한 일이라고 했다. 쪼아 없애버린 음부석을 다시 만들 수는 없고, 마을에서 이 음골의 다른 음부석에 대대적인 치성을 한 번쯤 드려보는 것이 어떻겠느냐고도 했다.

실제 음부석이 있던 바위 주변에는 또 다른 여근석이 몇 개 보였고 그 자리에 치성을 드린 것 같은 작은 암자까지 있었다고 했다.

수명장수의 기원을 담은 알터

남원군 운봉면에 가 서천리 당산의 돌장승을 물으면 나이 많은 사람 중에 모르는 이가 없다. 인월로 가는 국도 왼쪽. 소나무 숲에 민속자료 20호인 석장승이 있다.

지금도 음력 설에 마을의 재앙을 막고 복을 빌기 위해 제사를 거르지 않는다. 툭 튀어나온 둥글고 칙칙한 코, 머리에 벙거지 모자를 썼다. 장승의 얼굴은 성이 난 건지 웃다가 우는 건지 알송달

송하다. 손에는 창을 든 듯하다.

장승보다는 장승 옆에 있는 두 마리 돌거북이 더 이색적이다. 한 마리의 돌거북 머리에는 한 개의 알터가 있고 또 다른 돌거북 머리에는 두 개의 알터가 있다.

정월 초하루, 밤새 가족들의 수명장수를 빌며 거북의 머리를 돌로 갈던 곳이다.

더욱 걸작인 것은 거북 옆의 현감 허후윤청덕선정비(許侯潤淸德善政碑)이다. 높이 1미터, 그리 크지 않는 비신 위에 돌로 작은 지붕을 만들어 놓았는데 지붕 위가 알터 투성이다.

지붕의 끝, 지붕머리에 둥근 알터가 세 개, 앞쪽 지붕에 열세 개, 오른쪽 지붕은 달걀이 들어갈 만큼 큰 구멍이 뚫렸고 왼쪽은 둥글게 패인 것이 지붕의 바닥까지 갉아내버렸다.

특히 뒤쪽 지붕 마루에 볼펜 촉이 비집고 들어갈 만큼 송곳으로 깊게 판 듯한 구멍이 나 있다. 요즘 기계로 한 번에 파내려간 그런 구멍이 아니라 수십 년을 두고 두고 조금씩 갉아들어간 그런 구멍이다. 운봉현감을 지낸 허후윤이 아들 부자여서 벼슬하는 아들을 원하는 아낙네들의 치성이 이렇게 만들어 놓았다는 설명이다.

냇가에 있는 작은 차돌을 구해 돌지붕에 빙빙 돌리며 기원을 하다 보니 절로 알터를 만들어 낸 것이다. 얼마나 많은 날을 돌에 대고 비볐으면 이렇게 깊게 팔 수 있는지 경외스럽기만 하다.

불교와 남근숭배사상이 어우러진 귀신사의 석수

김제군 금산면 청도리에 있는 귀신사의 석수(전라북도 유형문화재

비석지붕 위의 알터
운봉 현감을 지낸 허후윤이 아들 부자여서 벼슬하는 아들을 원하는 아낙네들의 치성이 이렇게 만들어 놓았다.

제64호)는 불교와 남근숭배사상이 어우러진 신앙미술품으로, 앉아 있는 사자상의 등 위에 남근석을 올려 놓은 예술감각이 뛰어난 조각품이다.

불교와 무속이 합쳐진 귀신사의 석수와 남근 조각품을 이곳 사찰명인 국신사(國信寺), 귀신사(鬼信寺), 구순사(拘脣寺), 귀신사(歸信寺)의 여러 이름에서 알 수 있듯이 풍수지리에 의하여 이곳 지형이 구순혈이어서 터를 누르기 위하여 세워졌다는 설과 백제왕실의 내원사찰로서 남근과 합쳐진 돌사자상을 세웠다는 설이 있다.

귀신사의 석수
앉아 있는 사자상의 등 위에 남근석을 올려 놓은 예술감각이 뛰어난 조각품.

서쪽을 향해 웅크리고 앉은 이 돌사자의 길이는 1.58미터, 높이는 62센티미터이다. 등 위 중간 부분에 우뚝 솟은 남근석은 2단으로, 아랫부분의 길이는 72센티미터이고 윗부분은 40센티미터이다.

알바위 신앙의 의미

신영훈(문화재 전문위원)

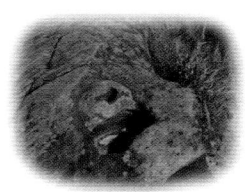

　두 손 모아 손바닥을 오목하게 한 듯이 바위 등에 둥글게 파놓은 것을 알터라 부르고 그 바위를 알바위라 통칭하고 있다. 일부에서는 이것이 서양 사람들이 말하는 컵 마크(cup mark)이며 성혈(性穴)이라 불러야 마땅하다고도 한다.
　《신증동국여지승람(新增東國輿地勝覽)》에서 바우 중 널리 알려진 것들을 찾아보면 그중에 차일암(遮日岩)이란 이름이 붙은 것들이 적지 않다. 이 책의 설명에 따르면 '바위에 둥글게 파놓은 구멍이 있는 바위'를 그렇게 부른다고 하였다. 그런 바위가 당시의 한양성 교외인 세검정(洗劍亭) 계곡에도 있었다. 세검정은 잘생긴 바위 위에 올려 세운 정자인데 이 부근에 차일암이 있었다는 것이다.
　그곳의 차일암에서는 실록이 완성되면 그 편찬의 기본사료였던 사초(史草, 사관(史官)들이 수시로 채록한 기록)를 굴에 씻어 아무도 볼 수 없게 만드는 일을 했다고 한다.
　찾아가 보면 바위를 둥글게, 그리고 큼직하고 깊숙하게 파놓았다. 말하자면 이 바위의 둥근 홈은 차일칠 때에 중심에 서는 중앙

기둥에 밑뿌리를 끼워 바람이 불더라도 흔들리지 않도록 배려하는 의도에서 만들어낸 것이란다. 차일암의 숨겨진 뜻인 것이다. 실제로 차일치는 기둥을 세우기 위하여 마당에 파놓은 것이 있기도 하다.

그런 구멍 중에서 제일 멋진 것이 충무 충렬사 마당에 있다. 차일을 치지 않을 적엔 늘 뚜껑을 덮어두게 되었는데 그 뚜껑이 거북이 형상을 하였다. 거북이 머리는 남근에 비유되는데, 차일기둥 구멍이 움푹한 것이 마치 음양이 만난 듯하다. 보는 사람 눈에 따라서는 이렇게도 보일 수 있는 것이라고 우리들이 찍어온 사진을 두고 이야기가 만발하였다.

차일암이 있다는 곳을 여러 곳 찾아다녀 보았다. 대략 비슷비슷한 형상인데 충렬사의 차일암만은 모습이 달랐다.

태릉에 가면 불암산이 있다. 그 봉우리의 정상 바위에도 둥근 구멍이 있다. 차일암의 홈과 같다. 그러나 여기에 차일을 쳤을 리 만무하다. 옛적에 제천을 위한 제의가 여기에서 거행되어서 그 일에 대비하여 차일을 쳤는지는 알 수 없으나 차일의 끈을 잡아맬 마땅한 부분이 없다는 점에서 차일을 쳤을 가능성은 희박하다.

더러는 규모가 작은 홈도 있다. 파다가 만 듯한 것도 있다. 이런 것들은 차일암에 속할 수 없는 것으로 밀어낼 수 있을지 모르나 알바위를 찾아다녀 보면 작은 구멍들이 더 많

보성 용암리의 알터
사람들이 염원을 담아 바위를 둥글게 깊숙이 파놓았다.

다. 그래서인지 《신증동국여지승람》에서는 이런 바위들은 거론조차 하지 않았다.

차일암은 홈이 파진 바위를 지칭한 것으로 '파놓은 홈'이란 뜻이지 홈에 기둥을 세웠다는 고지식한 의미는 아니었으리라고 해석된다.

세검정이 있는 마을을 부암동이라 부른다. 부암동은 '부침바위'가 있는 고장이란 뜻에서 지어진 이름이라고 알려져 온다. 작고 알맞은 돌멩이를 쥔 여인들이 소원을 염송하면서 지극정성으로 큰바위에 문질러대면, 어느 순간 딱 달라붙는다. 소원이 성취되었다는 응험인 것이다. 여인들은 즐거운 마음으로 돌아간다. 그런 작은 돌멩이들이 큰 바위에 더덕더덕 붙어 있는 상태로 지금까지 오고 있다. 이 바위가 장안에 크게 소문나 있어서 부침바위를 모르는 이가 없었고, 그래서 부암동이란 이름이 생겨나게 되었다 한다.

도선사의 부침바위
사월 초파일이면 걸어 올라가는 신도들이 그 해의 길상을 점치기 위하여 작은 돌멩이로 큰 바위를 갈아 딱 달라붙게 하곤 했다.

삼각산 도선사의 어귀에도 부침바위가 있어 사월 초파일이면 걸어 올라가는 신도들이 그 해의 길상을 점치기 위하여 작은 돌멩이로 큰 바위를 갈아 딱 달라붙게 하곤 하였다. 그런데 지금은 어쩐 일인지 큰 바위를 시멘트로 두껍게 덮어버려 갈 수 없게 되었다. 전에 그 모습을 본 사람들의 말에 의하면 하도 문질러서 어떤 자리는 둥근 홈이 패일 정도였다고 한다.

　부침바위처럼 서 있는 면에 홈을 판 것으로 칠성바위가 있다. 개울가에 서 있는 이 바위에 일곱 개의 홈이 패여 있다. 그러나 이것은 부침바위처럼 생겨진 것이 아니라 차일암처럼 거의 가공에 의한 것이다. 칠성바위로 이름난 곳이 익산의 용화산 미륵사 터의 뒷산(백제 때의 미륵사가 거대한 터전을 남기고 있어서 속칭 미륵산이라 부르기도 한다)에도 있다. 정상에 꼿꼿이 일어서 있어 병풍바위라 부르는데, 미묘하게 발디딜 수 있는 자리로 해서 올라가 보면 바위 천판(天坂)에 일곱 구멍의 칠성이 보인다. 동글동글하게 파놓은 것들이다.

　고령에서는 칠성이 안팎으로 새겨진 것이 찾아졌다. 안칠성 밭(바깥)칠성이라 부른다. 그 옆에 동심원을 두른 큼직한 홈이 있다. 우리는 그때까지 그것이 무엇인지 몰랐는데 지나가는 아주머니가 그것이 '알터'라고 알려 주었다. 칠성바위도 알게 되었는데 이것이 고령 알터의 암각이 있는 바위를 주목하게 된 길잡이가 되었다.

　그러나 아직까지 전국에 이들 알바위가 무슨 의도로 있는지 그 까닭을 모르고 있다. 남원에서는 거대한 알바위 옆에 잘생긴 장승이 서 있다. 이들이 짝을 이루는 의도에서 조성되었는지는 아직 미지수이다.

　이제 우리는 선조들의 손길이 머물렀던 이런 바위를 두고 바위 문화의 탐색에 들어서고 있다. 수천, 수만 개의 자료가 우리들에게 수집되었을 때 그들을 유형에 따라 분류해 볼 수 있게 될 것이다.

6장 – 부산·경남 지역

옛날 이야기 속 성석의 내력

인간으로서는 감히 넘볼 수 없는 옥황상제의 딸을 짝사랑하다가 상사병으로 죽어 바위가 됐다.
총각바위는 울산 동남쪽 동해 바닷가 울기 등대 앞바다 속에서 튀어나와 있다.
아직도 못 이룬 사랑에 미련을 버리지 못한 애잔한 모습이다.

부산·경남 지역
옛날 이야기 속 성석의 내력

　금정산(金井山)은 부산의 모산(母山)이자 부산이 자랑하는 명산(名山)이다. 금정산의 이름은 바로 금샘[金井]이 있기 때문에 붙여진 것이다.

　금샘은 1천3백 년 전《범어사창건사적기(梵魚寺創建史蹟記)》등 고서에서나 나오는 전설의 샘으로 금정산에 바로 그 전설 속의 샘이 있으리라고는 누구도 생각지 않았다. 일반 사람은 물론 부산에서 내노라 하는 토박이들조차 금샘을 물으면 고개를 흔들었다.

　"금샘 말인가? 그건 전설 속에서 나오는 하나의 허상이야. 실제는 없는 것이네."

전설 속에 나오는 금정산 금샘

　승려 사진작가인 범어사(梵魚寺)의 관조(觀照) 스님과 함께 그 금샘을 찾기 위해 금정산에 올랐다. 놀랍게도 범어사에서는 그 옛날부터 금샘의 자리를 알고 있었다. 노스님들이 대를 이어 구전(口傳)으로 전했고 또 범어사 자체에서 금샘을 성역으로 귀중하게 모

금정산 정상의 여근석
금정산 고담봉 북쪽 주능선에 있는 음석. 북쪽으로 치켜 올라가는 낙동정맥의 주능선을 한입에 집어삼킬 듯 우람한 자태를 자랑하고 있다.

셔오고 있음도 알게 되었다.

"김기자. 약속대로 금샘을 가르쳐주지만 보도는 하지 마시게. 약속을 꼭 해요."

관조 스님은 보도하는 조건이라면 애당초 가르쳐주지 않겠다는 눈치였다. 하지만 이건 범어사만 알아야 할 것이 아니고 부산 사람 모두가 알아야 한다는 나름대로의 생각이 있었다.

관조 스님의 걱정대로 알려지고 나면 필연적으로 파괴와 오염이 뒤따른다지만 모든 사람이 부산의 성역(聖域)으로 또 부산문화의 발상지(?)쯤으로 아긴다면 소개해도 나쁠 것은 없다는 것이 나의 생각이었다.

부산에 살면서 10여 년 전부터 금샘이 꼭 있을 것이라는 생각으로 금정산 주봉(主峰)인 고담봉은 물론 그 주위를 샅샅이 찾았지만 그럴싸한 샘을 찾지 못했다. 고담봉 남쪽 절벽 아래, 옛날부터 기도처로 이름난 그곳에는 바위 사이에서 솟아나는 석간수의 샘이 있지만 전설의 그 샘이 아니었다.

지난 1987년 봄 자신의 사진 작품을 정리해 '돌이끼〔蘚〕' 전시차 서울에 온 관조 스님과 이런저런 얘기를 하다가 금샘이 실제 있다는 소리를 듣고 내심 쾌재를 부르며 단단히 벼르고 있었다.

《범어사창건사적기》에는 다음과 같은 기록이 있다.

범어사가 창건된 것은 당 문종 태화(太和) 19년 을묘(乙卯) 신라 흥덕왕 때. 일찍이 해동(海東)의 왜인들이 10만 병선을 거느리고 동해안으로 와서 신라를 침범코자 하는지라 대왕은 근심에 싸여 잠을 이루지 못했다. 하루는 문득 비몽사몽 간에 신인(神人)이 공중에서 불러 외치기를 '어지신 대왕이시여 근심하지 마소서. 태백산 중에 의상(義相)이라는 한 화상(和尙)이 있는데 그는 실로 금산보개여래(金山寶蓋如來)의 제7후신(後身)입니다. 항상 성중(聖衆) 천 명과 범중(凡衆) 천 명, 귀중(鬼衆) 천 명 등 3천 대중을 거느리고 끊임없이 화엄의지법문(華嚴義持法門)을 강연하며 화엄신중(華嚴神衆)과 40법체(法體), 그리고 제신(諸神)과 천왕(天王)이 항상 떠나지 않고 수행합니다. 또 동국의 해변에 산이 있는데 산 이름을 금정(金井)이라 하오며 그 산꼭대기에는 높이 50여 척이나 되는 바위가 우뚝 솟아 있습니다. 그 바위 위에 우물이 있고 그 우물은 항상 금색(金色)이며 사시사철 언제나 가득 차 마르지 않습니다. 또 그 우물에는 범천(梵天)으로부터 오색구름을 타고 온 금어(金魚)가 헤엄치며 놀고 있습니다……

이렇게 해서 금정산 범어사는 의상대사(義湘大師)에 의해 지금의 자리에 생기게 됐다.

실제 꽤나 긴《범어사창건사적기》를 읽어보면 조금은 공허한 얘기들로 나열되어 있으니 금정산의 금정은 전설 속에 숨어버릴 만도 했다.

신심(信心)이 돈독하고 또 금샘에 깊은 관심을 가지고 있는 사업가 손기도(42세) 씨가 동행을 했다. 범어사 문을 나와 북쪽 길, 일반인은 출입금지인 내원암 가는 길을 따라 능선에 올라섰다.

남쪽으로 금정산 고담봉이 한눈에 보인다. 능선을 따라 고담봉 쪽으로 가다보면 고압선 철탑이 서 있고 그 서쪽에 바위 절벽이 나타난다. 북쪽의 계곡 아래에 유명한 마애불이 바위벽에 조각되어 있다.

이곳 절벽의 맨 꼭대기에 우물처럼 둥글게 패인 직경 70센티미터 가량의 두 개의 구덩이가 있다. 물은 없었다. 이곳을 금샘으로 치는 게 보통이다. 북쪽으로는 백두대간(白頭大幹)의 낙동정맥(洛東正脈)으로 이어지는 우람한 준령이 연이어져 있고 서북쪽 아래에는 양산천(梁山川)이 낙동강에 합류되는 것이 한눈에 보이는 곳이다.

절벽 아래로는《범어사창건사적기》에 나오는 50척이 더 넘어보일 듯한 직벽이니 이곳을 금샘이라 할 만도 하나 샘보다는 하늘에 제사를 지낸 알터 · 알바위로 보여진다.

"식자(識者)들은 이곳을 금정(金井)이라고들 하지만 진짜 금정은 고담봉 동쪽에 있지. 따라와 보라고."

검은 고무신 차림의 관조 스님 걸음이 빠르다. 고담봉 동편을 비켜나 바로 아래 범어사가 있음직한 능선 아래로 내려간다. 이곳은 아예 길이 없다. 잡목이 무성한 나무 사이사이를 비집고 20분 이상을 내려간다.

정확히 말해서 고담봉 동쪽 아래에는 일군(一群)의 바위 봉우리가 있고 그 동쪽 아래에 또 바위 봉우리가 있다. 두 번째 봉우리를 찾아야 한다. 봉우리의 서쪽에서 올라보면 40~50명은 족히 앉을 수 있는 편편한 바위가 나온다.

금정산 금샘
샘의 바닥은 오랜 시간 햇볕의 변화인지 황금색이었고 주위의 황금색이 물빛깔을 더욱 금색으로 받쳐주고 있다.

그 바위 남쪽에 촛대처럼 불쑥 솟아오른 바위가 있고 그 바위 꼭대기에 금샘이 있었다. 관조 스님이 가리키기도 전에 이내 금샘인 줄 알았다. 손기도 씨는 합장을 하고 몇 번인지 모르게 계속 절을 했다.

간혹 무당이 굿거리를 했는지 촛불 자국이 희미할 뿐 이곳은 인적과는 철저히 차단이 된 금단(禁斷)의 장소였다. 촛대처럼 뾰족한 꼭대기는 칼로 자른 듯 꼭지부분이 편편했고 그 중심부가 오목하게 패여 있는 가운데 금빛 찬란한 물이 괴어 있었다. 넓은 곳이 직경 70센티미터의 하트형. 날씨가 계속 가물었는데도 물은 그대로였다.

무엄하지만 바위벽을 올라가 샘의 깊이를 재보기 위해 손을 펴서 물 속에 넣어보았다. V자로 파인 물의 깊이는 손바닥이 다 들어갈 정도니 18센티미터는 족히 되는 것 같았다. 샘의 바닥은 오랜 시간 햇볕의 변화인지 황금색이었고 주위의 황금색이 물빛깔을 더욱 금색으로 받쳐주고 있었다.

금샘이 있는 꼭지에서 절벽을 타고 내려가 아래에서 보면 높이 15미터 가량 됨직한 남근석이다. 아래에는 고환모양의 바위벽이 있는 완전한 남근석이다.

"범어사에서 비전(秘傳)되어 오는 바로 그 금샘입니다. 지금까지 베일에 감추어져 있었으니 이렇게 면면히 살아 있는 셈이지요."

"김기자. 이곳이 알려지면 어떻게 변하겠는지 상상해 보라구. 그냥 덮어두자구."

금샘과 금정산성
멀리 남쪽으로 북문과 금정산성이 보인다.

동쪽 아래쪽을 보니 범어사가 숲 속에 가려 있고 남쪽 아래로는 북문(北門)과 산성(山城)이 한눈에 들어왔다. 동남쪽 아래로는 회동수원지가 눈아래 보이고 서쪽으로는 낙동강과 김해평야가 길게 누워 있다.

"20여 년 눈여겨봤으나 아무리 가물어도 샘의 물이 마르는 걸 본 일이 없네."

범어사에서는 이 물이 마르면 큰 변이 오는 것으로 알고 있다고 했다. 범천으로부터 오색구름을 타고온 금어(金魚)가 헤엄치고 놀았다는 역사의 현장 금샘(金井). 관조 스님의 걱정대로 이곳이 오염되기보다는 부산의 새로운 성역으로 모든 사람들에게 아낌을 받는 곳이 되어주기를 빌 뿐이다.

울기등대 앞에 외로이 서 있는 총각바위

　인간으로선 감히 넘볼 수 없는 옥황상제의 딸을 짝사랑하다가 상사병으로 죽어 바위가 됐다. 총각바위는 울산 동남쪽 동해 바닷가 울기(蔚崎)등대 앞바다 속에서 튀어나와 있다.

　등대공원 가운데로 뚫린 산책로를 따라가다 등대 못미처 왼쪽으로 꼬부라져서 울창한 송림 숲길을 지나면 바닷물을 뚫고 꼿꼿이 솟아 있는 총각바위를 쉽게 찾을 수 있다.

　깎아지른 듯한 낭떠러지 사이로 난 바위길을 타고 내려가면 높이 3미터, 직경 1미터쯤 되는 우람한 총각바위가 손에 닿을 듯한 거리에 있다.

　파도가 밀려와 낭떠러지를 힘있게 친다. 으르렁거리는 소리, 흰 거품을 물고 잔뜩 흘기는 듯한 총각바위의 모습은 마치 이룰 수

울기등대 앞바다 총각바위
인간으로선 감히 넘볼 수 없는 옥황상제의 딸을 짝사랑하다가 상사병으로 죽어 바위가 되었다고 한다.

문무왕릉 대왕암

없었던 사랑을 울부짖으며 한풀이하는 것 같다. 하늘을 찌를 듯 치솟아 있는 총각바위의 모습은 분명 분노한 모습이기도 하지만, 아직도 못 이룬 사랑에 미련을 버리지 못한 애잔한 모습이기도 하다.

총각바위 왼쪽으로 일산 해수욕장이 보이고 그 앞바다에 미녀바위로 불리는 아담한 모습의 여근석이 총각바위 쪽을 바라보고 있다. 총각바위의 애타는 심정을 불쌍하게 생각해 옥황상제의 딸이 내려와 미녀바위가 되었다는 얘기가 전해지고 있다.

총각바위 주변에는 통일신라 때 임금들이 풍류를 즐겼다는 어풍대(御風臺), 문무왕이 죽어 호국용(護國龍)이 되어 잠겨 있다는 바다 문무왕릉 대왕암(大王岩)이 가까이에 있다.

하동군 다솔사 앞의 용두석

다솔사 맞은편 소나무숲 속에 우뚝 서 있는 남근석은 누구나 한

다솔사 맞은편 숲의 여근석(왼쪽)과 남근석(오른쪽)

눈에 알아볼 수 있는 출중한 작품이다. 높이 2.5미터, 직경 1미터 가량인 이 거대한 남근석은 귀두(龜頭)부분에 선이 뚜렷하게 둘러쳐 있고 몸통에는 힘이 빳빳하게 들어 있는 아주 힘찬 모습이다. 용솟음치는 힘을 주체할 수 없어 마구 꿈틀거리는 듯 무척 도전적인 모습을 하고 있다.

이 남근석은 분명 자연석인데 손으로 다듬은 것처럼 아주 잘생겼다. 자연적으로 서 있었는지 일부러 세웠는지는 판단하기가 어렵다.

그런데 남근석이 자리한 곳이 우연이라고만 볼 수 없는 위치여서 궁금증을 털어버릴 수 없다. 다솔사가 자리잡은 곳은 봉명산(鳳鳴山) 줄기가 좌청룡 우백호로 나래를 펴며 품고 있는 명당(明堂)이다. 그중 대웅전 바로 뒤는 묘를 쓰면 왕이 난다는 천하 명당이다. 바로 나랏님의 명으로 묘를 쓰지 못하도록 한 어금혈(御禁穴) 자리인 것이다. 다솔사 입구엔 어금혈 봉표(封表)라고 새긴 큰 바위가 이를 증명이라도 하듯 놓여 있다.

신기한 것은 봉명산 정상 뫼봉과 어금혈, 다솔사의 대웅전, 그리고 남근석이 일직선상에 위치하고 있다는 사실이다. 더욱이 대웅전 앞 양쪽으로 약간 봉긋하게 솟은 둔덕이 이 남근석의 고환(睾丸) 격이라고 보는 사람도 있어 그 존재가 더욱 신비스럽게 생각된다.

남근석 바로 앞 10미터 가량 떨어진 곳에는 예쁘장한 여근석이 남근석의 엉뚱한 의도를 시샘하는지 옆으로 비켜앉아 있다.

유방처럼 생긴 은행나무 가지
젖이 안 나오는 출산부가 이 나무에 치성을 드리면 어김없이 젖이 나왔다 한다.

세간마을의 수호신, 수구막이 선돌

세간(世干)마을은 임진왜란 때 의병장 곽재우가 의병을 일으켰던 곳이다. 마을 앞엔 의병을 훈련하기 위해 큰북을 매달았던 현고수(懸鼓樹)라 불려지는 해묵은 느티나무가 아직도 살아 있다.

마을 안에는 높이가 20미터, 둘레가 10미터 가량 되는 큰 은행나무가 한 그루 서 있다. 수령이 5백 년쯤 되는 이 은행나무는 천연기념물 302호이다. 이 나무의 한쪽 가지에 유방처럼 생긴 혹이 한 쌍 달려 있다. 젖이 안 나오는 출산부(出産婦)가 이 나무에 치성을 드리면 어김없이 젖이 나왔다 했다.

지금은 우유 등 유아식품이 흔해 찾는 이가 없지만 20여 년 전까지만 해도 젖을 얻기 위해 먼곳에서도 찾아와 치성을 드리는 여인네들이 무척 많았다는 것이다.

또 마을에서 5백 미터 가량 떨어진 동네 입구 산기슭에 마을 사람들이 '미륵님'이라고 불러 온 선돌이 하나 버티고 있다. 이곳에서는 오래 전부터 이 선돌을 마을의 수호신으로 받들어 왔다.

마을에서는 매년 정월이면 현고수와 은행나무, 그리고 선돌에 정성들여 제를 올려왔다. 먼저 현고수에서 시작하여 은행나무를 거쳐 마지막으로 선돌에 제를 지낸 뒤 선돌 바로 앞에 있는 소(沼)에 삶은 돼지머리를 통째로 바쳤다.

20여 년 전 선돌이 마을에서 떨어져 있는데다 귀찮기도 하여 현고수와 은행나무에만 제를 지내고 선돌에 대한 제를 몇 년간 생략한 적이 있다. 그런데 제를 올리지 않은 그해부터 마을에 병이 도는 등 좋지 못한 일들이 자주 일어나 다시 정성껏 선돌을 위하고 있단다.

높이 2미터, 직경 40센티미터 가량인 이 선돌은 영험이 있다고 하여 찾는 사람들이 심심찮다. 현재 시멘트 블록으로 담을 쳐 바람을 막아주고 있다.

삼칭이마을과 함박마을의 성석

통영시에서 통영교를 건너면 섬을 한 바퀴 돌 수 있는 잘 포장된 도로가 있다. 다리를 건너 왼쪽길로 들어가면 삼칭이마을이라고도 불리는 영운리가 나타난다.

삼칭이마을 나룻터에서 동쪽으로 2킬로미터 가량 떨어진 바다 가운데에 거대한 바위가 뭉툭하게 솟아 있다. 가까이 가서 보자면 발동선으로 5분쯤 건너가야 한다. 마을 뒤에는 여인의 유방 같기도 하고 둔부 같기도 한 미륵산이 총각바위를 마주보고 있다. 높이가 10미터쯤 되는 총각바위의 귀두부분은 온통 상처투성이로 일그러져 있다.

충무 사람들 중에 이 총각바위를 모르는 사람이 없다. 또 이 남근석에 얽힌 얘기도 모두들 알고 있다. 즉, 이 마을 앞에 우람한 남근형의 바위가 버티고 있어 마을 처녀들의 마음이 들뜨지 않을 수 없었다는 것, 그래서 해방 전 마을 청년들이 바위를 폭약으로 파괴해 모양이 일그러졌다는 것이다.

그러나 이 마을 사람들은 이 같은 얘기에 펄쩍 뛴다. 모두 지어낸 말이라는 것이다. 70대 노인들에게 물어보면 폭약으로 파괴한 적도 없고 또 그런 소리를 들어본 적도 없다는 것이다.

삼칭이마을 반대편에 있는 풍화리는 섬을 돌아 서쪽 해안 끝으로 가야 한다. 할배바위는 풍화리 함박마을 해변가에 있고 할매바위는 맞은편 해안에 있다. 2킬로미터쯤 거리를 두고 있다. 풍화리 앞바다는 온통 멍게·굴 등의 양식장으로 할배바위와 할매바위를 보자면 배를 타고 양식장 사이를 돌아 한참 가야 한다.

할배바위는 얼핏 보아도 남근형이고 할매바위는 등이 휘어진 자세로 먼 바다 쪽을 바라보고 있다. 두 바위 역시 애처로운 전설이 있다.

옛날 슬하에 자식이 없는 늙은 부부가 무척 다정하게 살고 있었다. 하루는 고기잡이 나간 할아버지가 돌아오질 않았다. 할머니는 매일 할아버지가 행여 돌아올까 하고 해변에 나가 기다리기를 몇 달, 그러나 할아버지의 소식조차 알길이 없었다. 결국 할머니는 죽어 망부석(望夫石)이 되었다. 수중고혼이 된 할아버지는 애타게 기다리는 할머니 가까이로 돌아와 바위가 되었다는 얘기다.

애처로운 전설 때문인지 할배바위와 할매바위가 서 있는 해변의 정경은 온통 그리움과 고독에 짓눌려 있는 분위기이다.

한편, 삼칭이 마을에서 해안도로를 따라 10킬로미터 가량 남쪽으로 내려오면 미남리에 '여백이 강정'이라는 여근석이 있다. 여백이란 여자를 일컫는 말이고 강정이란 해변에 뚫려 있는 바위를 지칭하는 이곳 사투리이다.

마을 앞 나루터에서 왼쪽 해안을 따라 2백 미터쯤 가면 여백이 강정이 있는데 정면에서 마주보려면 배를 타야 한다. 여근형

통영군의 여백이 강정
여백이란 여자를 일컫는 말이고, 강정이란 해변에 있는 바위를 지칭하는 이곳 사투리다.

으로 갈라진 바위 틈새로 바닷물이 들락거리는데 그 틈 사이에 둥근 바위가 툭 튀어나와 있다. 이 튀어나온 바위가 음핵(陰核)이란 것이다.

여근석의 윗부분은 나무에 가려져 형태를 잘 볼 수 없으나 음침한 아랫부분은 묘한 모양을 하고 있다. 옛날에는 '알강정'이라고 불렀으나 듣기에 흉해 여백이 강정으로 바뀌었다 한다.

강 속에 우뚝 솟은 선바위

울주군 입암리의 높이 20미터 가량인 선바위는 마을 앞을 흐르고 있는 강 가운데 우뚝 서 있다. 선바위가 솟아 있는 자리는 깊은 소(沼)를 이루어 백룡(白龍)이 살고 있었다 하여 백룡담(白龍潭)이라 했다. 선바위 옆은 바로 절벽으로 절벽 위엔 입암정(立岩亭)이란 정자가 있다. 해금강의 일부를 떼어다 놓은 것처럼 경관이 빼어나 시인 묵객들이 즐겨 찾던 곳이었다.

선바위는 부근의 암질과 전혀 달라 위쪽에서 떠내려왔다는 전설이 있다.

옛날 이곳 강변마을에 아주 어여쁜 처녀가 살고 있었다. 어느 날 한 스님이 이 마을을 지나가다가 처녀의 미모에 홀딱 반했다. 스님은 처녀에게 계속 구애를 했으나 처녀는 좀처럼 응하지 않았다. 스님은 항상 처녀 주위를 맴돌고 있었는데 어느 날 강 위쪽에서 떠내려오던 선바위가 빨래하고 있던 처녀를 깔고 앉아버렸다. 그 순간 강 옆 숲 속에서 빨래하는 모습을 지켜보고 있던 스님은 처녀를 구하기 위해 강물로 뛰어들었으나 처녀와 같이 바위에 깔려 죽고 말았다.

처녀를 품은 걸 보면 이 선바위는 분명 남근석이라는 것이다. 처녀를 구하려다 죽은 스님은 백룡이 되어 처녀 주위를 맴돌았고 억울하게 죽은 처녀의 혼은 궂은 날이면 슬피 울었다는 것이다. 처녀의 울음소리가 들리면 백룡은 흰 비늘을 번쩍이며 물살을 가르고 나와 처녀가 깔린 선바위 주변을 헤매며 구애를 했다. 그런데 처녀는 죽어서도 스님의 구애를 받아들이지 않았는지 궂은날 처녀의 울음소리가 들릴 때 백룡담은 온통 수라장이 되었다고 했다.

2천3백여 년 만에 모습을 드러낸 가천마을 암수선돌

남해군 남면 홍현리 가천마을 암수선돌은 2천3백여 년 전 지하에 묻혀 있다가 모습을 드러냈다. 높이 3미터 가량 되는 이들 선돌 중 수선돌은 발기한 모습, 암선돌은 아이를 밴 것처럼 아랫부분이 불룩하게 튀어나와 있는 모습이다.

2천3백여 년 전 어느 날 고을 현령의 꿈에 한 노인이 나타나, "내가 가천에 묻혀 있는데 우마(牛馬)의 통행이 잦아 불편해서 견딜 수가 없으니 나를 일으켜주면 반드시 좋은 일이 있을 것"이라고 했다. 현령은 노인이 일러준 곳을 찾아가 파보도록 했다. 그런데 그 속에서 지금의 암수미륵이 나왔다는 것이다. 이날이 곧 음력 10월 23일로 마을 주민들은 이날만 되면 마을의 평화와 풍어를 기원하는 제사를 지내게 됐다. 마을 사람들뿐만 아니라 이 마을 앞을 항해하는 어부들도 이 미륵 앞에 제물을 바치고 풍어와 무사 조업을 비는 등 자연스레 갯마을 토속신앙의 대상이 되었다.

거창읍에 산재한 성석

상동마을은 거창읍에서 가장 먼저 생긴 마을로 해방 직후까지만 해도 돌미륵이 있던 주변에는 큰 당산나무가 있어 당산제를 지내던 곳이다.

높이 50센티미터, 직경 25센티미터 가량인 남근형의 이 돌미륵은 마을 한복판 골목길이 세 갈래로 갈라지는 곳에 자리잡고 있다. 좁은 골목길에 큼직한 돌로 제단을 쌓고 그 위에 모셔놓아 불편을 주고 있으나 아무도 손대지 못하고 있다.

마을을 지키는 수살막이 선돌인 셈인데 지금도 음력 정월 보름에 제사를 지내고 있다. 복잡한 주택가에 잘 보존되어 있는 것을 보면 주민들의 정성이 대단한 것 같다.

또한 거창읍 서쪽에 있는 현성산(980미터) 정상에 올라보면 마치 연꽃 봉오리와 연꽃이 활짝 핀 듯한 남녀근석이 있다.

산정에는 높이 3~4미터 가량인 우람한 바위들이 눕고 서고 앉으면서 한곳에 모여 있는데 그중에서도 상혈암(上穴岩)이라고도 불리는 연꽃처럼 생긴 한 쌍의 바위가 뚜렷하게 눈에 띈다. 이 한 쌍의 바위는 앞쪽의 귀두모양을 한 것이 남근석, 옥문(玉門)을 연듯한 뒤쪽 바위가 여근석이라는 것을 누가 보더라도 쉽게 판별할 수 있다.

가천마을 암수선돌
수선돌은 발기한 모습, 암선돌은 아이를 밴 것처럼 아랫부분이 불룩하게 튀어나와 있다.

옛날 한 처녀를 각각 성이 다른 두 명의 청년이 사랑해 같이 살게 되었는데 처녀가 임신 후 출산을 했으나 어느 성씨의 아들인지 구별할 수가 없어 이자성(二字姓) 밑에 아이 이름을 붙여 불렀다 해서 이자성바위라 했다. 이자성바위라면 분명 남근석이 둘이어야 하는데 하나는 양보를 했는지 찾아볼 수가 없다.

지난 1981년 신씨(愼氏) 가문 수호 돌탑으로 복원된 거창읍 양평리의 음석. 이곳에서 남쪽 6킬로미터 떨어진 남상면 대산리에 거대한 양석이 서로 마주보고 있다. 음석의 크기는 2백여 평 넓이에 높이 70척. 양석 또한 그에 버금가게 크다.

신씨 집안은 이 음석의 음덕으로 영의정과 왕비 등이 나는 등 영화를 누렸다.

4백 년 전 불교배척에 앞장선 이 집안에 한 노승이 찾아와 음석을 깨뜨리면 대대손손 부귀영화를 계속 누릴 수 있다고 꾀었고 그 말에 음석을 깨뜨려버렸다. 그 후 얼마 지나지 않아 신씨 가문은 중종 반정으로 권좌에서 밀려나 참화를 당하는 등 벼슬길에는 나서지도 못하게 됐다. 4백 년이 지난 최근에야 신씨 집안에서는 음석이 있던 자리에 높이 10.2미터의 돌탑을 쌓고 바닥에는 여성을 상징하는 홈을 파고 탑 위에 높이 1.2미터의 음석을 세웠다.

국토대장정, 지리산 성모상

해발 1,915미터 지리산 천왕봉에 오르면 나이 든 이들은 꼭 소주 한 잔에 과자와 과일을 놓고 간략하게 산신제를 올린다. 그리고는 없어져버린 천왕여신상(天王女神像, 聖母像)에 대한 이야기로 꽃을 피운다.

지리산 성모상
성모상에 대한 역사는 오래다. 《삼국사기》에는 신라의 시조 박혁거세의 어머니 선도성모를 산신으로 봉안, 국가의 수호신으로 숭앙했다는 기록이 있다.

지난 1977년 8월 초순까지만 해도 천왕봉 서쪽 1.5미터 가량 떨어진 바위 위에는 합장하고 있는 높이 1미터의 성모상과 그 오른편에 높이 1.1미터 가량의 여신상을 새겨 놓은 바위가 나란히 서 있었다.

천 년 전 신라 때부터 세워져 있었다는 이 성모상이 하루 아침에 없어지자 경찰이 수사까지 벌였으나 이 석조물을 본 사람은 없었다. 그 이후 백무동, 마천 등 지리산 북쪽에 수없이 깔린 성모상은 신기하게도 깡그리 없어지고 말았다. 미신의 본거지라고 해서 어느 뜻있는 단체(?)에서 계획적으로 도륙을 했는지 알 수 없지만 이들 석조물들이 없어진 것은 그냥 지나쳐버리기에 석연찮은 점이 많다.

마침 정부에서 전국의 무당집이나 서낭당·산신각 등의 일제 철거령이 내렸던 때라 이때 일시에 없어진 것 같다. 자그마하고 볼품없는 돌조각에 불과하지만 지금도 없어진 그 자리, 천 년의 세월이 이끼긴 자리에는 아직도 기도 드리는 부녀자의 행렬이 끊이질 않는다. 민속신앙의 끈질긴 생명력을 보는 것 같다.

시조의 모친을 봉안한 전설 속의 천왕여신상

지리산 쪽 취재에 나선다니 동국대학 윤열수 교수가 마천(馬川)과 백무동(白武洞) 등지에 있던 성모상의 유무를 한번 확인해보라고 조언을 해주었다. 그런데 현장에 가 보니 윤교수가 1970년대까지 일일이 답사하고 확인했던 성모상은 어느 곳에서도 찾을 수 없었다.

5백 년 전 조선조 성종 때 학자 점필재·김종직의 《유두록(遊頭

錄)》에는 다음과 같은 기록이 있다.

　　이내 천왕봉에 오르니 짙은 안개가 가려 산천이 캄캄하여 중봉·반야봉마저도 보이지 않는다. 나와같이 오른 덕봉사(德峰寺)의 중 해공(解空)은 먼저 성모사당에 절을 하더니 막대기로 이 성모상을 건드려 조롱하였다. 나는 조롱하라고 하길래 그 까닭을 물었더니 속전(俗傳)하기를 이와같이 하면 안개가 걷힌다 하였다. 성모사의 사옥은 삼간(三間)이라 하며 엄천리 사람이 개창했는데 판옥(板屋) 밑에 못을 매우 단단히 박았다고 한다. 그렇게 하지 않으면 비바람에 날리기 때문이다.
　　두 중이 두 벽에 그림을 그린 것이 있다. 소위 성모라고 하는데 곧 석상이요, 눈·눈썹·머리털은 모두 분을 발랐다. 이마에 결한 데가 있어 물으니 이는 태조가 인월(引月)을 치던 해에 왜구들이 이 봉에 올라 석상의 이마를 쪼개가서 나중 사람이 알맞게 붙였다 한다. 동쪽 함석루에 작은 불상이 있는데 이를 국사(國師)라 칭했다. 속설에는 성모의 음부(淫夫)라고 전한다.

5백 년 전 속전은 성모상이 없어지기 전까지 있었지만 성모상을 모신 판자집은 바람에 많이 날아가 그때마다 다시 판자집을 세워야 했다.
　　이규태 씨는 〈금수강산〉 창간호에 다음과 같은 글을 썼다.

　　그 사당지기에게 물어보았더니 점필재의 기록과는 정반대로 날이 가물면 지리산 주변의 여인네들이 떡을 해와서 성모에게 치성을 드린 다음 성기형의 막대기로 성모상의 음부부분을 간지럽혀주면 반야 생각이

나서 안개를 모아 일으키고 비를 내리게 한다는 것이다.

이같이 성모사와 성모사 내에 있는 성모상에 대한 역사는 오래다. 《삼국사기》에는 신라의 시조 박혁거세의 어머니 선도성모를 산신으로 봉안, 국가의 수호신으로 숭앙해 봄 가을로 제사를 지냈다고 기록하고 있다.

고려 때 이승휴의 《제왕운기》에는 신라의 제도를 본떠 태조 왕건의 어머니 위숙왕후를 모셨다고 했다. 그후 이 제도는 조선조 말까지 전승된 것으로 전해지고 있다. 또 《동국여지승람》 함양조에는 성모사가 둘이라고 했다. 하나는 지리산 천왕봉, 다른 하나는 군의 남쪽 엄천리에 있다 했다.

또 연산군 때 학자 김일손(金馹孫, 1436~1498년)의 《두류록》에는 다음과 같은 기록이 있다.

정여창(鄭汝昌)과 함께 지리산 천왕봉에 올라보니 한 칸짜리 판자집이 있고 집 안에는 돌로 된 부인상이 있으니 이게 바로 천왕이다. 사람들에게 들으니 천왕신을 마야(摩耶)부인이라고 한다 하는데 이것은 거짓말이다. 점필재 김공은 "우리나라에서 학문이 높은 큰 선비인데 이승휴의 《제왕운기》에 근거하여 신으로 고려 태조의 어머니 위숙왕후라고 하였으니 이것은 옳은 말입니다."라며 제문을 짓고 제사를 올리려 했으나 동행한 정여창이 "세상에서는 지금 천왕산의 신을 마야부인이라고 하는데 그대는 분명히 위숙왕후라고 하니 이것은 세상 사람들의 의심을 가져오지 않을 수 없는 일인즉 그만두는게 좋을 것 같소."라고 하며 서로 다투다 제사를 그만두었다.

이때는 이미 천왕봉의 산신이 석가불타의 마야 부인이 돼 있다. 없어진 성모상이 신라 때부터 전해오는 것이라지만 조선조 이태조에 쫓긴 왜구들이 이 성모가 도와주지 않아 칼로 머리를 쪼개갔다(《정필제집》), 왜구들이 부숴버렸다(김선신의 《드유지》)라고 했다. 또 인조 때 정홍명(鄭弘溟, 정철의 아들)의 《수옹만필(睡翁漫筆)》에는 다음과 같은 기록이 있다.

백무동 성모신상
예전에는 백 명의 무당이 있다 해서 백무동(白巫洞)이라 했다.

천연(天然)은 남중(南中)의 중으로 신장이 8척이며 담력이 큰 사나이였다. 한번은 그가 지리산을 지나게 되었는데 천왕봉 음사가 영괴(靈怪)하여 지나는 사람이 기도를 하지 않으면 몇 걸음 못 가서 인마(人馬) 모두 죽는다하여 이곳을 지나는 데는 무서움을 느끼지 않는 이가 없었다는 말을 들었다. 그러나 천연은 괴망하다 생각하고 팔을 걷어올리고 그냥 지나갔다. 과연 얼마 못 가서 타고 가던 말이 엎어져 죽었다. 천연이 크게 성을 내며 죽은 말을 사당 안에 끌어다 말의 피를 사당 벽에 바르고 주먹을 불끈 쥐고 신상을 브수고 불태운 후 떠났다. 이후부터 신괴가 없어지고 상여들도 무사히 왕래했다고 한다.

조선 8도 무당의 진원지

사실 여부를 제쳐 놓고 기록대로라면 천왕봉 성모상은 여러 번 부서지곤 한다.

세월이 흘러 이능화(李能和)의 《불교통사(佛敎通史)》에 오면 다음과 같은 내용이 있다.

지리산 옛 엄천사(嚴川寺)의 법우화상(法祐和尙)이 어느 날 비가 오지도 않는데 큰 물이 불어 이상하게 생각하고 천왕봉에 올랐더니, 몸집이 크고 대단한 힘을 가진 천신의 딸이 하늘에서 내려왔다해 둘이 혼인한 후 여덟 명의 딸을 낳았다. 그들 모두 무당으로 길러 팔도에 보내 민속을 다스리게 했다.

지리산 성모는 팔도무당의 시조(始祖)로 탈바꿈을 한다. 법우화상과 천왕의 부부설은 또 다른 얘기를 잉태한다.
윤열수 교수가 1975년 이곳에서 채집한 구전은 지금 엄천강 상류의 용유담과 마적사의 유래를 낳은 마적도사(馬迹道士)와 연결된다.

어느 날 용유담에서 바둑을 두던 마적도사는 비가 오지도 않는데 용유담의 물이 붉은 색을 띠며 불어나자 물길을 따라 거슬러 올라가보니 천왕봉에서 천태산 마고할미가 소피를 보고 있더라는 것이다. 한 번 눈 소변에 이같이 엄청나게 물이 불어날 정도라면 배필이 될 만하다 하여 같이 살며 아흔아홉 명의 딸을 낳게 된다. 물론 딸은 전부 조선 팔도에 보내 무당이 되게 했는데 백무동은 지금 흰 백(白) 굳셀 무(武)자로 변했지만 예전에는 백 명의 무당이 있다 해서 백무동(百巫洞)이라 했다. 마고할미와 할미가 낳은 딸 아흔아홉을 합하면 백 명이 된다.

아무튼 천왕봉이나 백무동의 성모사는 이때부터 조선팔도 무당의 진원지가 되고 시원지가 됐다.

천방산 굴바위 기도처

윤교수의 말대로 천왕봉을 올랐다가 백무동 계곡을 따라 내려왔다. 백무동 들머리도 옛말이지 지금은 마천(馬川)에서 길이 크게 넓혀져 곧 도로 포장이 끝날 예정이다.

지리산 등산로가 시작되는 백무동에서 한창 도로공사 중인 길을 따라 내려오다 보면 백무동 계곡 건너 왼쪽에 천방산(天房山) 굴바위 기도처가 나온다. 백무동 성모사 터이다.

마천서 백무동으로 가려면 가흥교(佳興橋)라는 다리가 나온다. 이 다리가 백무동 들머리다. 다리를 지나면 '이거리 식당'이 나온다. 식당 주인이 마천산악 회장 정채근(40세) 씨다. 정씨 자신이 마천면에서 공무원을 하고 있어 이 굴바위 기도처에 대한 얘기는 내놓고 하지 않지만 이곳의 성모할미가 아니었으면 자신이 지금

천방산 아래 천연바위방
성모상이 놓여 있던 이 자리는 현재 바위 받침만 남아 있고 벽은 울긋불긋한 비닐로 도배를 해놓고 있다.

세상에 있을지는 의문이라고 한다.

높이 50센티미터 가량의 얼굴에 흰 분칠을 하고 머리에 고깔을 쓰고 한복을 입은 이 성모상은 정씨의 증조할아버지가 만든 것이었다(윤교수가 지적한 성모상은 몇 년 전에 없어졌다).

3대 독자인 정씨의 증조할아버지는 이곳에서 기도를 하고 정씨의 할아버지를 얻었고, 할아버지는 아들 네 명을 두었다. 당시 증조할아버지가 기도하던 성모상이 백여 년 전 도난당하자 아들을 보게 한 고마움으로 잃어버린 성모상과 똑같이 만들어 두었는데 이 또한 오래 전에 도난을 당했다.

천방산 아래에는 하늘에서 준 방이 천 개나 있다는 말과 같이 2~3명이 잘 수 있는 천연 바위방이 산의 곳곳에서 눈에 띈다.

성모상이 놓여 있던 자리는 천연바위가 지붕처럼 툭 튀어나와 있고 그 아래에 연탄 아궁이까지 설치한 온돌방을 만들어서 지금은 배분순(78세) 할머니가 지키고 있다. 성모상이 놓여 있던 자리는 바위 받침만 남아 있고 벽은 울긋불긋한 비닐로 도배를 해놓고 있다.

"당 할메 혼이 있는기라. 그믐날 할메가 온다니께. 당신 눈에는 아무것도 없는 것 같아 보이지만 할메가 수시로 왔다갔다 하는기라."

이곳을 지키는 할머니는 같이 간 정채근 씨를 탐탁해하지 않는 눈치다. 면에서 자꾸 나가라고 하니 면서기만 봐도 꺼린다는 얘기다. 성모상이 있던 바위 앞뿐만 아니라 바위 구석구석이 기도처이다. 아무리 막아도 이곳을 찾는 부녀자를 못 오게 할 수 없다고 했다.

이거리 식당 정채근 씨 집 맞은편 마천중학교 뒤에 있는 당집도 지금은 4년째 제사 한 번 못 드린 채 버려져 있다. 옛날에는 마을 수호신이나 다름없는 당집 할미를 모시던 곳이었는데 지금은 얼핏 보면 시골집 변소같이 담벼락 아래에 볼썽사납게 내동댕이친 것 같다.

당집 바로 위의 박영운(53세) 씨는 4년 전까지만 해도 정월 초사흗날 새벽에 제사를 올렸다고 했다. 전에는 당집의 땅이 있어 이 땅을 부쳐 제사지내는 음식을 장만했는데 언젠가 동사무소 지을 때 공사비가 모자라 당집의 논을 팔아 충당했다고 했다.

그 이후부터 해마다 올리는 제사는 자연스레 없어져버렸다. 지금 마천중학교 아래까지 아스팔트가 깔리고 백무동까지, 또 엄천강을 따라 함양까지 길이 뚫리는 판에 당집 가지고 논할 때냐는 듯 모두가 대수롭지 않게 여겼다.

등산객만 찾는 길로 바뀐 오도치

김일손은 《두류록》 서두에 함양 고을 남문을 나서 서쪽으로 20리를 가다 제한원(蹄閑院)에 도착했다고 쓰고 있다.

지금의 인월에서 오도치를 넘어 마천~용유담으로 산행을 했다. 김일손은 오도치에서 '찌그러져 가는 사당이 옆에 있다. 이 재를 지날 때 종자(縱者)들이 말에서 내려 절을 해야 한다 했다. 이유를 물으니 천왕이 계신 곳이라 했다. 나는 이곳이 어떤 곳인가를 알아보려 하지 않고 말을 채찍질하여 지나가고 말았다.'고 쓰고 있다.

함양에서 마천을 오려면 옛날에는 오도치가 국도였던 셈이었다.

호랑이나 곰 등 사나운 짐승이 우글거리던 옛날에야 오도치와 천왕이 있는 성모사를 사람들이 그냥 지나치지 못했던 것은 뻔한 일이다.

함양에서 인월 또 실상사를 통해 마천으로 가는 길이 시원스레 뚫린 지금이고 보니 동구, 마천, 오도치는 등산객이나 고고학, 민속학자들이나 찾는 길이 되고 말았다.

장충식 동국대학 박물관장과 윤교수가 확인했을 때 성모사는 간 곳이 없었고 그 자리에는 성모신위(聖母神位)를 표시한 작은 돌비석 하나가 세워져 있을 뿐이었다. 함양에 사는 박공이 이곳 성모에게 빌어 자신이 태어난 고마움을 새긴 비였다.

마천에서 4킬로미터 가량 엄천강을 따라 내려가면 마적도사의 애기가 전해지는 용유담(龍遊潭)이 있다. 지금은 흔들다리가 놓여 있지만 다리를 건너 물가 바위 아래 성모상 세 개가 나란히 놓여 있던 성모사는 이미 오래 전에 없어졌다. 대신 그 위쪽에 천룡정사(天龍精舍)가 세워져 있다. 천룡정사 안 산신각에는 용왕과 산신이 모셔져 있고 또 한쪽에는 칠성각(七星閣)을 세워 제각 안에는 보기에도 신기한 수석 같은 돌을 모셔 놓았다.

자연석인데도 시멘트 반죽에 돌을 붙인 듯한 높이 50센티미터 가량의 달걀형 돌과 길이 1미터 가량의 양석(陽石) 모양 돌이 모셔져 있다.

이 정사에서 일하고 있는 최점석(45세) 씨는 용유담에서 50년간 기도하고 있는 조씨 할머니(73세)가 꿈의 계시를 받고 이 돌을 지리산에서 찾아내 모시고 있다 했다. 할머니 말로는 한 개의 돌만 더 찾으면 된다고 하더라는데 할머니는 서울에 볼일을 보러가고 없었다. 조씨 할머니는 계절에 상관하지 않고 용유담 물에 몸을 담그고 기도를 한다. 그래서 손이 얼어붙어 다섯 손가락을 펴지 못하고 발가락도 잘려나간 듯 하지만 산을 오를 때는 번개같이 날아올라 가는 듯하다고 최점석 씨는 자랑했다.

지리산 성모를 두고 박혁거세의 어머니 선도성모, 고려 태조의 어머니 위숙왕후, 석가세존의 어머니 마야부인, 심지어 엄천사의 개산조(開山祖) 법우화상과 성모가 부부가 되어 팔도무당의 시원지가 되고 있는 것은 억설에 불과한 전설이라고 김영수(金映遂, 1967년 84세로 별세) 박사는 일축하고 있다.

김박사는 1939년 발간된 《진단학보(震壇學報)》 11집에 〈지리산 성모사에 대하여〉란 논문을 발표했다. 그는 우리의 고전을 놓고 보면 사찰 내에도 마야부인을 봉안한 데가 드문 일인데, 전혀 관계도 없는 법우화상이 등장되어 박혁거세, 고려 태조, 석가세존의 어머니가 모두 법우화상의 정부인 지리산 성모가 되고마는 불경스런 얘기가 됐다고 개탄했다.

김박사는 이러한 전설은 후세 사람들이 그때그때 그럴듯한 사실을 가져다 만들어낸 억설에 불과하다고 지적하고 '지리산 성모사는 지리산 산신사(山神祠)요, 지리산 산신사는 인간세계에 하강한 천왕의 사(祠)이다. 다시 말하면 천왕이 지리산 최고봉에 하강하여 계신 산왕할머니를 성모라고 이름한 것이니 지리산 신사에 안치한 여인상을 산왕할머니라고 하여도 좋고 천왕할머니라고 하여도 좋을 것이나 성모천왕이라고 하는 것은 잘못된 말이다.'라고 결론지었다.

아무튼 천왕봉 정상에 있던 성모상은 깨뜨려 없애버렸다는 말도 있고 그냥 계곡 아래로 굴러버렸다는 말도 있다. 최근에는 성모상이 있던 정상 부근의 계곡을 올라오던 어떤 사람에 의해 성모상과 비슷하게 생긴 석조물이 있더란 얘기가 나왔다.

함양에서 만난 함양산악회 노용신(35세) 씨는 함양의 젊은 산사람들과 의논해 헛탕을 치는 한이 있더라도 성모상 수색작업을 한번 해봐야겠다고 했다.

혜범 스님이 찾은 천왕봉 성모상

지리산 천왕봉에서 없어진 '천왕할미상'과 '성모상'은 지금 지리산 천왕사(天王寺)에 모셔져 있다.

지난 1987년 1월 17일 천왕사의 혜범 스님이 꿈의 계시를 받고 진주 비봉산 아래 과수원 장작더미 밑에서 머리부분을 찾았다. 오른쪽 어깨쭉지에서 왼쪽 어깨 밑으로 잘려진 몸통은 그해 5월 14일 지리산 통신계곡에서 찾아 원형대로 복원했다. 역시 꿈의 계시를 받아서 였다. 지금의 자리에 모신 성모상은 16일만에 또 없어졌으나 간절한 기도 끝에 선몽을 받아 그해 7월 17일 절 앞쪽 대나무 숲에서 찾아냈다. 지금은 도지정 민속자료 제14호로 지정되었다.

높이 70센티미터, 무게 1백 킬로그램, 가부좌를 한듯 다소곳이 앉아 합장을 하고 있는 자그마한 석상이다. 쑥색 바탕에 흰점이 박힌 이 석상의 석질은 우리나라에서는 보기 힘든 희귀석이다. 천축땅의 것이라고도 하고 파미르 고원 것이라고도 했다.

혜범 스님은 이 석상을 성모(聖母)라 부르고 있다. 효의 상징이라 했다. 이 땅에 효가 충만하도록 성모의 혼령이 자신에게 선몽을 한 것이라고 했다. 하늘을 공경하고 조상을 숭배하는 효를 모르면 사람이 아니라 했다.

  몸집에 비해 얼굴이 유별나게 크다. 어머니같이, 할머니같이 포근하고 인자한 얼굴이다. 움푹 들어간 눈이 매혹적이다. 햇볕에 눈이 시린 듯 눈가에 웃음이 배어 있다. 오똑한 콧날, 오무리고 있는 작은 입언저리에도 엷은 미소가 흐른다.

  이렇게 편안한 얼굴의 석상이 왜 수난을 당해야 하는지 알 수 없는 일이다.

신의 조화, 거창 미녀봉

  눈앞에 가득 펼쳐지는 산자락, 임신한 미녀가 머리를 풀고 누워 있다. 푹 들어간 눈두덩에서 예쁘게 올라온 눈썹, 약간 벌린 입, 그리고 봉긋한 유방, 불룩한 배 등은 신이 아니면 만들 수 없는 걸작이다.

  1986년 봄, 덕유산 취재 때 거창 산악회 정태준(47세) 씨와 멀리서 이 미녀봉을 보고 직감적으로 저만한 여근이라면 뿌리 깊은 민속신앙이 살아 꿈틀거릴 것이라고 생각했다. 그후 정씨로부터 '와

미녀봉의 자태
푹 들어간 눈두덩에서 예쁘게 올라온 눈썹, 약간 벌린 입, 그리고 봉긋한 유방, 불룩한 배 등은 신이 아니면 만들 수 없는 걸작이다.

서 보고만 가라'는 전갈을 받았다. 절대 보도를 하지 않는다는 조건이었다. 그 이유는 미녀봉이 이 마을 사람들의 신앙 대상이요, 사람의 발길이 닿아서는 안 될 신성한 곳이 많기 때문이었다. 보도가 되어 몰지각한 사람들이 몰려들 경우 미녀봉은 하루 아침에 황폐화될 우려가 있다는 마을 노인들의 의견이었다.

미녀봉은 그 모습만큼 흥미 있는 전설을 담고 있다. 옛날 가조의 동남쪽 수려한 오도산(1,134미터)에 산신이 있었다. 어느 날 산신이 소풍을 나왔다가 나무그늘 사이에서 딸(미녀랑)이 어느 늠름한 장군의 어깨에 기대 속삭이고 있는 것을 보았다. 그해 가을 '공주가 아이를 가졌다'는 소문이 났다. 산신이 장군과 딸을 불렀다. 과연 딸의 배는 살짝 불러 있었다. 산신이 노해 '처녀의 임신은 용서할 수 없다. 이 세상이 다하는 날까지 배부른 채 누워 있어라.'라고 벌을 내렸다. 그것이 바로 지금의 미녀봉이고 장군은 10리 북쪽에 봉을 만들었으니 지금의 장군봉(950미터)이다.

미녀봉 아래의 남근석
미녀봉을 찾아가다보면 먼저 눈에 띄는 것이 산 들머리에 있는 이 남근석이다.

3월 초 정씨와 함께 이 미녀봉(893미터)을 찾았다. 산 들머리에 있는 키 큰 남근석이 먼저 눈에 띄었다.

석강리 이장 배기수(58세) 씨는 민학을 연구하는 학자라면 모르지만 단순한 호기심으로 찾았다면 안내할 수 없다고 했다. 미녀봉은 배이장 집 위쪽인 정자나무에서부터 시작했다. 배씨는 어릴 때부터 미녀봉 너머 오도산에서 나무를 해왔기 때문에 이곳의 지리는 손바닥 보듯 잘 알았다. 천 년이 됐는지, 수백 년이 됐는지 모를 덩치 큰 상수리 정자나무가 봉긋하게 솟아 있는 미녀봉의 젖무덤을 살포시 가리고 있었다.

혹시 이 나무는 미녀봉의 음기를 막는 수살막이로 옛사람들이 의도적으로 심은 것이 아니냐고 물어봤으나 그렇지 않다고 했다.

정자나무에서 조금 올라가니 젖샘이 나왔다.

미녀봉 음골

미녀봉과 복부 사이, 소위 명치자리는 거창과 함양을 잇는 길재이자 경계선, 그 아래 젖샘이 있고 이 샘이 아랫마을 양기마을과 음기마을을 갈라놓는 내(川)의 발원지가 돼 있었다. 배이장은 이 젖샘에 치성을 드려 아들을 본 마을 사람들이 수두룩하다고 했다.

젖샘에서 왼쪽으로 꺾어오르다 보면 높이 10미터 가량 될까말까 한 절벽 아래 양물(陽物)샘이 나온다. 약물샘이라고도 했다. 양물샘에서 잉태한 배밑 쪽으로 60도 능선을 왼쪽으로 돌아 미녀봉의 사타구니 쪽에서 배봉(腹峰)을 보고 올라섰다. 합천 쪽인 동쪽으로 약간 내려가면 여궁샘〔女宮井〕이 산아래를 내려다보고 있다. 배봉의 꼭지점, 배꼽부분에는 명당자리로 보았는지 묘가 있다. 배를 타고 명치를 지나 유방 사이를 지났다. 정상의 능선들은 모두가 깎아지른 절벽이다. 유방에서 목덜미의 절벽을 기어올랐다.

살짝 벌이고 있는 이빨 사이를 지나 코, 눈썹 사이를 지나 이마 자리에 섰다. 눈바위 북쪽에는 눈물샘이 마르지 않고 있다. 이마바위에서 동쪽으로 돌아 장군이 미녀에게 선물로 보냈다는 농바위 혹은 칼바위를 뒤로 하고 음기마을로 내려왔다.

미녀의 머리칼을 타고 내려온 음기마을 들머리에는 미녀봉을 보고 쌓은 돌제단이 있었다. 올해도 지난 음력 열나흗날에 이 마을 박차생(60세) 씨를 제주로 산신제를 지냈다. 제주인 박씨가 태어나기 전부터 지내온 마을 최대의 제사이다. 해마다 정월 열나흗날 밤, 오행복덕을 갖춘 제관이 목욕재계한 후 동민을 대표하여 떡과 과일, 돼지를 제단에 바치고 미녀봉을 향해 제사를 올린다.

다른 산제와 다른 것은 돼지를 바칠 때 몸은 삶지만 머리는 삶지 않는다. 또 제를 지낸 후 머리는 제단의 동쪽 바위 밑에 묻는 것이다. 큼직큼직한 둥근 돌로 2미터 높이 가량 쌓은 돌제단 왼쪽에 각시 소나무가 땅으로 누었고, 오른쪽에 신랑 소나무가 곧게 하늘로 뻗어 있었으나 10년 전 죽고 말았다.

미녀봉은 아버지인 산신 오도산 품안에서 장군봉을 바라보고 몸을 풀지 못한 채 그렇게 누워 있다.

성신신앙의 목적
허균(문화재 전문위원)

일반적으로 성신신앙이라고 하면 남녀 성기의 형태를 닮은 자연물이나 인공물, 이를테면 좆바위/남근석·씹바위/여근석 등으로 알려진 것이나, 부근(付根)·목재 남근 등 성기 모형을 대상으로 제의(祭儀)를 올리는 모습을 연상하고, 그것을 성신앙이라고 생각하는 경향이 있다.

그런데 이것을 신앙이라고 하지만 정작 그 실상을 들여다보면 믿음의 대상, 즉 성기 자체에 종교적인 교의(敎義)가 있어 그것을 믿고 받들어 귀의(歸依)하려는 것이 아니라, 성기 모형에 신력(神力)이 있음을 믿고 그 힘을 빌어 인간의 본능적·현실적 욕구를 성취하고자 하는 것이 주된 목적임을 알 수 있다. 따라서 성신앙이라고 하는 것은 성기 자체에 대한 신앙이라기보다 생명의 탄생과 유지, 나아가서는 삶의 풍요를 바라는 주술적 사고의 한 형태로 보는 것이 옳을 성싶다.

전통 시대에 있어서 인간의 원초적 욕망 성취를 위한 주술의 대상은 오로지 성기 모양을 갖춘 것에 한정되지 않고, 공예품이나 장신구·민화 등 생활미술품에도 여러 가지 형태로 존재했다. 몇 가지 사례를 통해 그 내용을 살펴보기로 하자.

먼저, 영천 어은동에서 출토된 선사 시대의 마형대구(馬形帶鉤, 국립경주박물관 소장)가 있다. 이 작은 공예품은 물론 신앙의 대상이 아니라, 우성(優性)의 종족을 유지하고 번식하고자 했던 고대인들의 염원이 내재되어 있는 주술의 대상이라고 믿어진다.

허리띠를 장식하는 이 마형대구는 말의 형태를 조각한 부분, 말과 고리를 연결하는 막대, 그리고 고리의 세 부분으로 이루어져 있는데, 특히 말의 앞뒤 다리 사이에 부조되어 있는 조개 문양 두 개가 관심을 끈다.

고대에 말은 생명불식(生命不息)의 상징물이었다. 중국의 소수민족 중의 하나인 모남족(毛南族)의 옛 풍습에 노인의 건강과 축수를 위하여 여섯 필의 분마(奔馬)를 붉은 색종이로 오려 선물하는 풍습이 있었다고 하는데, 이때 말은 용솟음치는 정력을 상징한다.

말이 우수한 종자를 상징한다는 것은 고대 인도의 소위 '풍요제'에서도 확인된다. 이 제의(祭儀)의 절정은 왕비가 죽은 말과 나란히 누운 다음 말의 성기를 자신의 성기 쪽에 가깝게 접근시키는 장면인데, 말의 정액이 왕비의 자궁에 들어가 아이로 태어나면 그 왕의 나라에는 자손이 번창하고 풍년이 든다는 것이다.

조개에 대해서 말한다면, 고대에는 제사장이 타는 말의 굴레에 조개를 장식했었다고 하는데, 이것을 패륵(貝勒)이라고 한다. 1920년 중국 앙소(仰韶) 문화 유적지에서 같은 용도의 조개가 발견된 적이 있다. 마형대구에 부조된 조개는 패륵이라고 말할 수 있으며, 그것은 종마의 우수한 종자를 받는 여근을 상징하고 있는 것으로 알려져 있다. 오늘날에도 민간에서 마합(馬蛤)이라는 큰 조개를 일명 씹조개라고 부르고 있는데, 별명이 말해주듯이 조개는 이미 여성 성기의 상징으로 널리 인식되어 있다. 결론적으로 말하자면 이 마형대구는 우수한 종족의 유지와 번식을 꾀했던 고대인들의 본능적 욕구가 담긴 일종의 부적과 같은 것이라 볼 수 있는 것이다.

한편, 전통 시대의 여성들이 노리개에 달았던 기자도끼(祈子斧)도 같은 맥락에서 이해될 수 있는 것이다. 음양 교접의 상징형으로서의 도끼가 지닌 주술적인 힘을 빌어 아들을 낳을 수 있게 되리라는 믿음이 기자도끼의 배후에 작용하고 있다

신복사 교합형

도끼는 나무를 베는 머리 부분과 그 머리에 패인 구멍에다 끼는 자루로 구성되어 있는데, 이것이 부근(付根)의 의미와 같다는 것을 짐작하기 어렵지 않다. 부근이라는 말은 '뿌리를 붙인다'는 뜻이다. 뿌리가 남근을 가리키는 것이라면 이 말은 부근이 여성의 음부에 접촉하는 기구를 뜻한다는 것은 두말할 필요가 없다.

도끼가 기자(祈子)의 상징형으로 등장한 예를 기록을 통해서 살펴보자. 신라의 국사 원효대사가 제자에게 경전을 아무리 읽혀도 변변한 인재가 배출되지 않자, 어느 날 갑자기 '몰가부(沒柯斧)'를

외쳤다. 이것은 도끼 자루가 없는 도끼 머리를 구한다는 말인데, 도끼 자루가 남근이면 구멍난 도끼 머리는 여근, 즉 여자인 것이다. 이 뜻을 알아차린 김춘추(金春秋)가 자신의 누이 요석공주를 선선히 내놓았고, 그녀와 밤을 함께 지낸 원효는 신라 3대 천재 중의 한 사람인 설총을 낳았다.

특정 사물이 또 다른 것을 연상시킨다든가, 또 다른 사물과 흡사하다는 것에 근거를 두고, 거기에 현실적인 욕망을 실어 그것이 성취되기를 비는 것이 바로 주술의 사고 원리이다. 노리개에 매다는 작은 도끼는 여근과 남근이 결합된 상태를 상징하며, 부녀자들은 그것에 득남의 욕망을 실어 원하는 바가 성취되기를 빌었던 것이다.

이와 같은 주술적 사고는 민화의 경우에도 나타나고 있다. 화조화의 경우 주제가 되고 있는 쌍쌍의 새들은 음양 조화의 상징형이라 할 수 있으며, 그것은 사람의 경우 남녀 결합이나 부부 화합과 연결되는 것이다. 옛 부녀자들이 화조화를 주거 공간에 즐겨 장식하고 감상하기를 좋아했던 배경에는 쌍을 이룬 새들처럼 부부간에도 그와 같은 상태가 지속되기를 바라는 주술 심리가 작용한 것이다.

또한, 민화 〈약리도(躍鯉圖)〉에서 잉어가 힘차게 솟아오르는 모습을 그리되 남근을 닮게 묘사한 것이나, 〈쌍어도〉나 〈쌍록도〉 등에서도 한 쌍주의를 택하고 있는 배경에는 모두 득남과 이성 간의 성적인 조화를 바라는 주술 심리가 작용한 것이다. 이 밖에 베갯모에 원앙새 한 쌍을 수놓는다든지, 혼례 때 한 쌍의 목기러기를 등장시킨다든지 하는 것도 같은 맥락에서 이해할 수 있다.

인간이라면 누구나 가지는 본능적 욕구는 부부가 화합하며, 많은 아들을 거느리고, 풍요롭게 살려는 것으로 집약된다. 음양 조화의 상징이나 성적(性的) 상징물과 관련된 주술 행위는 이런 조건들의 획득과 지속을 위한 노력의 한 형태라 할 수 있으며, 그것은 반드시 여근곡이나 남근석 앞에서만 이루어졌던 것이 아니라, 일상의 생활 속에서도 다양한 형태로 나타났던 것이다.

7장 – 경북 지역

자연적이라 하기엔
기묘한 모양의 성석

고려 때 동경(東京)으로 불리던
경주의 내력을 적어놓은
《동경잡기》라는 책에 '상사병에
걸린 사람이 이 바위에 빌면
병이 낫는다'고 적혀 있다.
요즘도 상사병에 걸린 사람뿐 아니라
짝사랑으로 고민하는 젊은이들이
자주 찾아와 하소연하는 곳이다.

경북 지역
자연적이라 하기엔 기묘한 모양의 성석

성문화의 현장을 찾아나서 보면 우여곡절을 많이 겪는다. 수천 년 이어져 오는 민속신앙 앞에서 머리가 숙연해질 때도 있고, 익살스러운 성석을 만나 요절복통할 때도 있다. 미신이라고 깡그리 뭉개버린 곳을 애써 찾았다 헛걸음칠 땐 기운이 빠지고, 예기치도 않았던 거물급이 발견되면 횡재를 한 기분이다. 그런가 하면 쓸데없는 짓을 하고 다닌다고 심한 핀잔을 듣기도 한다.

경주 남산의 비련의 상사바위

경주 남쪽에 있는 남산(495미터) 정상 바로 아래에는 비련의 상사(相思)바위가 있다. 높이가 20미터쯤 되는 이 상사바위는 정상 부근까지 닦여 있는 찻길 남쪽 벼랑에 우뚝 서 있다.

정면에서 볼 때 왼쪽이 남근석이고 오른쪽이 여근석이다. 남근석의 윗부분은 거대한 귀두모양이고 오른쪽 여근석은 남근석보다 작고 다소곳한 모양에 바위 윗부분이 약간 갈라져 있다.

고려 때 동경(東京)으로 불리던 경주의 내력을 적어놓은 《동경잡기(東京雜記)》라는 책에 '상사병에 걸린 사람이 이 바위에 빌면 병이 낫는다'고 적혀 있다. 요즘도 상사병에 걸린 사람뿐 아니라 짝사랑으로 고민하는 젊은이들이 자주 찾아와 하소연하는 곳이다.

상사바위는 슬픈 전설을 간직하고 있다. 신라 때 이 남산 밑 마을에 홀로 살던 한 노인이 옆집 소녀를 무척 귀여워했다. 소녀가 자라 숙성한 처녀가 되자 노인의 소녀에 대한 사랑이 연정으로 변해 고민하게 됐다. 그러나 처녀는 그런 사실을 전혀 눈치채지 못하고 있었다. 결국 노인은 고민 끝에 죽어 처녀의 집이 잘 내려다

경주 남산의 상사바위
정면에서 볼 때 왼쪽이 남근석, 오른쪽이 여근석이다. 남근석의 윗부분은 거대한 귀두 모양이고, 여근석은 남근석보다 다소곳한 모양을 하고 있다.

보이는 남산 위의 바위가 됐다.

  노인의 혼은 상사뱀이 되어 처녀의 꿈 속에 밤마다 나타났다. 매일 밤 악몽에 시달리던 처녀는 어느 날 밤 노인의 현몽으로 모든 것을 알게 되었다. 노인을 불쌍하게 생각한 처녀는 결국 남산 벼랑에서 몸을 날려 노인 곁으로 가게 된 것이다.

  이런 전설이 없다 해도 상사바위 전체를 보면 첫인상이 어쩐지 우수에 잠긴 것 같다. 천 년 전의 비련을 아는지 솔잎을 스치는 바람소리, 산새의 울음소리도 처량하다.

분만모습 새겨진 기자바위, 산아당

  상사바위에서 찻길을 따라 정상 쪽으로 오르다 보면 찻길은 오솔길로 변하며 갈림길이 된다. 잡목숲 속으로 뚫린 오른쪽 산길을 택해 잠시 걸어가면 집채만한 바위가 길을 가로막는다. 산아당(産兒堂)이다.

  《동경잡기》에 '산아당은 금오산(남산)에 있는데 아이를 낳는 모양을 돌에 새겨놓았다. 신라 때 자손을 얻고자 하는 사람들이 이곳을 찾아 빌었다'는 기록이 있다. 바위 동쪽면 석벽 중앙, 땅에서 1.5미터 높이에 직사각형의 감실이 만들어져 있다. 감실은 가로 1.5미터, 세로 60센티미터, 깊이 30센티미터이다. 감실 속을 아무리 살펴봐도 아이 낳는 모습을 새겨놓은 흔적을 발견할 수가 없다. 아마 그런 모양을 새겨 감실 속에 끼워놓았는데 언젠가 없어진 것 같다.

  불켜진 초가 감실 안에 남아 타고 있는 걸 봐서 조금 전 누가 왔다간 모양이다. 감실 밑에는 신라 때의 목 없는 석불이 석벽에

산아당의 감실
감실 밑에는 신라 때의 목 없는 석불이 석벽에 기대어 있다.

기대어 있다. 감실 위 2미터쯤 되는 곳에 바위 틈이 가로로 나 있는데 틈새로 돌멩이가 잔뜩 얹혀 있다. 뒤로 돌아선 채 돌을 던져 바위 틈에 얹히면 자식을 얻는 것은 물론 어떤 소원이든 이루어진다고 했다. 감실이 있는 곳에서 바위를 안고 왼쪽으로 대여섯 걸음 돌면 또 다른 기도터가 나온다.

바위 한 모서리가 ㄱ자로 패여 나온 곳의 구석에 촛불이 켜진 채 있고 여근석 모양의 바위 틈에 촛농이 두껍게 녹아내려 굳어 있다.

암벽에는 산아당(産兒堂)이라고 음각되어 있다. 그 옆에 어느 기자(祈者)가 이 바위에 빌고 자손이 번창한 사실을 기록으로 남겨 놓았다. 육안으로 간신히 확인된다. '함풍 6년(1856년) 4월에 기도를 올리고 다음해 5월 김응현(金應鉉)을 낳았다.'는 내용과 함께 김응현의 아들 6형제 이름과 장손 두 명의 이름까지 새겨져 있다.

기도를 올려 첫아들을 얻은 해가 지금으로부터 140여 년 전이고 장손까지만 기록된 것으로 미루어 볼 때 이 기록은 백 년이 채 안 되는 것으로 짐작된다. 아무튼 6형제를 얻었다니 무척 영험이 있는 바위임에 틀림없다.

산아당이라서 그런지 기도처 주변의 바위 모양은 온통 여근이다. 다만 산아당에서 5~6미터 떨어진 벼랑 위에 불끈 솟아 있는 남근석 하나가 여러 여근석을 거느리고 있다는 듯 제 모습을 뽐내고 있다.

산 하나가 통째로 여근

　전국에 깔려 있는 보통의 여근이 바위나 돌·계곡·폭포 정도라면 경주 여근곡의 여근은 산 하나가 통째로 여근이다. 그뿐 아니라 1천3백여 년 전 신라 선덕여왕 때 이 여근 이야기가 등장할 정도로 유구한 역사를 자랑한다. 이 여근은 우리나라 최대의 자연 예술품이다. 수천 년을 변함없이 저렇게 깔끔한 모습이다 보니 수많은 얘깃거리가 없을 수 없다.

　경주 건천읍 신평2리 원신마을이 있는 산이 바로 여근산 여근곡이다. 경주에서 건천 쪽으로 가는 시내버스를 타고 30분 가량 가서 신평2리 입구에서 내린다. 왼편 경부고속도로에 맞붙어 있는 쪽의 산을 보고 중앙선 철길을 가로질러 건너면 원신마을이 나온다. 마을 앞에 수양버들이 운치 있게 늘어진 아담한 연못이 있다. 연못가 향나무 밑에 목 없는 돌부처가 여근곡을 살짝 외면하고 앉아 있다. 신라 때의 돌부처라 했다. 마을 사람들은 가뭄 때 이 목 없는 돌부처에게 기우제를 드린다.

경주 여근곡 전경
산 하나가 통째로 여근이다. 수천 년을 변함없이 저렇게 깔끔한 모습이다 보니 수많은 얘깃거리가 전해온다.

여근곡의 모습을 가장 운치 있게 볼 수 있는 장소는 바로 이 돌부처가 있는 연못가의 둑이다. 날이 개이면 금세 알 수 있지만 여근곡은 보일듯 말듯한 안개로 늘 아랫도리를 가리고 있다. 여간해서 잘 드러내지 않는 것도 신비의 하나다.

지금은 서울행 중앙선 철길에 경부고속도로, 국도까지 닦여 이 앞을 지나고 있지만 이 길이 옛날에는 한양으로 가는 길이었다. 그러나 과거보러 가는 선비들이나 싸움터에 나가는 장수들, 이곳에 부임해오는 높은 분들은 이곳을 피해 멀리 돌아서 다녔다. 청정한 마음으로 임해야 할 일에 여근곡을 보기만 하면 마음이 흔들렸던 모양이다. 마음이 흔들릴 정도로 여근곡은 영락없는 벌거숭이 여인의 하체이기 때문이다.

이성덕 기자와 함께 사진촬영에 성공한 것이 1988년 1월이었다. 사진을 찍기 위해 기상청에 문의까지 하며 6개월여에 걸쳐 다섯 차례나 찾았으나 번번히 허탕을 쳤다. 부산서 꼭두새벽에 차를 몰고 이곳에 도착해 해가 뜨기를 기다리기도 하고 낮에 오기도 했다. 여근곡 너머로 해가 뉘엿뉘엿 지는 저녁나절도 택해 봤지만 그때마다 치마를 걷어주질 않았다. 여근곡 바로 밑에서 고사도 지냈다.

촬영에 성공한 날은 예년에 볼 수 없는 추운 날씨여서 연못의 물이 꽁꽁 얼어붙어 있었다. 가늘게 새벽이 열리고 있는 시각, 파카를 입고 목 없는 돌부처 앞에서 또 왔다는 신고를 했다. 담배 한 대를 꺼내 물었더니 갑자기 여근을 감싸고 있던 희뿌연 안개가 걷히기 시작했다. 그리고 동쪽에서 붉은 햇살이 도톰한 여근을 붉게 물들였다. 말을 잊는다는 것은 이를 두고 한 말일 게다. 진짜 말을 잊어버렸다.

"세상에……."

한껏 벌여진 풍만한 두 허벅지가 보이고 잘 여물어 봉긋 솟아 오른 듯한 봉우리를 드러냈다. 봉우리는 주변의 소나무숲과는 달리 오리나무 등 활엽수가 우거져 있어 더욱 두드러졌다. 연못에도 비쳤다. 요즘 흔히 볼 수 있는 조잡스럽고 유치한 그런 외설물이 아니었다. 그것은 오히려 넉넉하면서도 푸근하고 또 섬세했다. 자연의 오묘한 조화에 외경심마저 갖게 하는, 조물주가 만든 예술품이었다.

여근곡을 확대한 사진

까마득한 옛날 삼국 시대로 올라가보자. 일연스님이 쓴 《삼국유사》 2권 〈선덕왕이 미리 알아낸 세 가지(善德王知幾三事)〉조(條)에 실린 이야기이다.

영묘사(靈廟寺)의 옥문지(玉門池)에 겨울인데도 많은 개구리가 모여 사흘 동안 울고 있었다. 나랏사람들이 이를 이상히 여겨 왕에게 아뢰었다. 왕은 급히 각간인 알천과 필탄 등을 시켜 정병 2천 명을 뽑아 서쪽 교외로 가서 여근곡을 탐문하면 반드시 적병이 있을 것이니 덮쳐서 죽이라 했다. 두 각간이 명령을 받고 각각 군사를 거느리고 서쪽 교외로 가서 물었다. 부산(富山) 아래 과연 여근곡이 있고, 백제 군인 5백 명이 그곳에 매복해 있으므로 모두 잡아서 죽였다. 백제의 장군 오소(汚召)란 자는 남산고개 바위 위에 매복해 있었으므로 이를 포위하여 쏘아 죽였다. 후속부대 1천3백 명이 오는 것 또한 쳐서 죽여 한 사람도 남기지 않았다.

여러 신하들이 왕에게 아뢰었다.

"어떻게 그렇게 될 줄 아셨습니까?"

"개구리의 노란 형상은 병사의 형상이며 옥문이란 여자의 생식기를 말한다. 여자는 음(陰)이고 그 빛은 흰색이며 흰색은 서방이므로 군사가 서쪽에 있음을 알 수 있었으며, 남자의 생식기는 여자의 생식기에 들어가면 반드시 죽게 되니 이로써 쉽사리 잡을 줄 알았소."

여러 신하가 모두 그 뛰어난 지혜에 감복했다

여근곡의 국부는 몹시 습하다. 신기하게도 그곳에는 직경 1미터 가량의 샘이 있어 그 근방을 늘 축축하게 적시고 있다. 마을 사람들은 이 샘을 수원으로 하여 상수도를 설치했다.

그곳은 나무를 베거나 오물을 배출할 수 없는 성역으로 되어 있다. 잡인의 출입을 막고 있음은 당연하다. 마을 사람들은 이곳의 나무를 베거나 더럽히면 재난이 온다는 것을 믿고 있다. 여근곡이 벌거숭이 민둥산이 되었을 때인 6·25와 그 전후의 가뭄과 기근이 얼마나 혹독했는지를 잘 알고 있다. 동란 직후 마을의 제대 군인들이 다시 보살피기 시작하여 그런대로 울창한 소나무숲을 이룬 다음에야 마을에 다시 평화가 찾아왔다.

여근은 신라의 왕실이 있는 경주 쪽을 바라보고 있다. 여근 골짜기에서 동쪽 아래로 내려다본 신평리 일대는 이제 막 잠에서 깨어나고 있는 아늑한 농촌 풍경이었다. 들판 가운데로 경부고속도로가 죽 뻗어 있다. 고속도로 너머엔 중앙선 철길이, 또 철길과 나란히 국도가 달리고 있다.

옛날 이렇게 세 개의 큰 길이 뚫리기 전에는 경주 쪽에서 남근모양을 한 길고 굵은 산자락이 여근곡을 향해 다가오다 연못 앞에서 멈추어 있는 형국이었다. 그런데 이 땅을 강점한 일본이 신라의 기를 꺾기 위해 거대한 남근형의 산을 잘라 철도와 도로를 냈다는 것이 이곳 원로들의 얘기였다.

지금은 귀두모양의 야트막한 동산이 남아 있을 뿐이다. 여근곡이 정면으로 비치는 연못가에는 높이 1.5미터 가량의 윗부분이 평퍼짐하고 큼직한 바위가 누워 있다. 바위에는 무엇을 염원하고 비벼댔는지 수많은 알터가 동글동글하게 뚫려 있다.

밭둑에 팽개쳐진 알바위

신라 24대 임금 진흥왕(534~576년)능 앞 밭둑에 팽개쳐진 알바위. 길이 3미터, 폭 1.5미터 가량의 이 알바위는 밭둑에 표면만 드러내놓고 있다. 얼핏보면 그냥 표면이 우툴두툴한 보통 바위로 보이지만 작은 것은 직경 2센티미터에서 큰 것은 15센티미터에 달하는 오목하고 둥근 홈을 수없이 파놓았다. 곰보자국처럼 빈틈없이 파인 것이 3백 개도 넘을 것 같다.

홈은 돌을 비벼 정성들여 판 것이 역력한데 모두 정확한 원형이다. 둥근 홈 사이는 길게 홈을 파서 연결해놓기도 했고, 홈주변을 사각 또는 타원형으로 파서 다른 홈과 얼기설기 얽어놓기도 했다. 풀 수 없는 수수께끼 같은 신비를 간직한 채 밭둑에 팽개쳐져 있는 이 알바위의 처지가 몹시 안쓰러워 보인다.

안동의 교합형 성석과 골막이 선돌

좀처럼 보기 힘든 남녀 교합형이다.

지름 1미터, 길이 2.5미터 가량의 힘찬 남근이 여근 위에 떡 버티고 있다. 옥문을 열어제친 여근석이 팽창한 남근석을 받치고 있는 실감나는 모습이다. 가까이 가서 보면 더욱 실감난다. 이 남녀 교합형 성석은 합강마을이라고 불리기도 하는 안동군 와룡면 태동(台洞)에 들어서기 직전 국도 왼쪽 언덕 위에 있다.

가로 20미터, 세로 15미터의 널찍한 치마바위가 밀어를 나누는 이들을 가려주고 있는 게 또한 장관이다. 안동에서 봉화로 가는 5번 국도를 따라 나란히 흐르는 강 건너 물가에 있다. 도로변에서

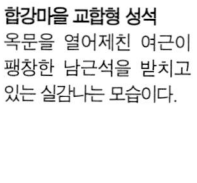
합강마을 교합형 성석
옥문을 열어제친 여근이 팽창한 남근석을 받치고 있는 실감나는 모습이다.

45도 경사의 언덕에서 5미터밖에 안 떨어져 있으나 나무에 가려 자칫하면 그냥 지나치게 된다.

남근석을 받치고 있는 여근석은 자연석 그대로임이 분명한 것 같은데 남근석은 아무리 봐도 사람 손이 간 것 같다. 그 모양이 다듬은 듯 표면이 매끄럽고 굵기가 일정하며 또 얹힌 모양이 자연적이라기엔 너무 기묘하기 때문이다.

수천 년, 수많은 사람의 손길이 닿았다면야 이렇게 만든 것 같이 반들거릴 수도 있을 것이다.

풍산읍 하리 낙동강 둑 아래 있는 골막이 선돌은 푸짐한 대접 속에서 영화를 누리고 있다. 높이 1.5미터, 직경 40센티미터 가량으로 울퉁불퉁한 남근을 자랑한다.

제관을 뽑고 제수를 마련해서 제를 지내는데 3일 전 선돌 주위에 황토흙을 뿌려 정화를 한 뒤 금줄을 치고 제관은 3일 전부터 집에서 정성을 모으고 목욕재계를 한다.

선돌 바로 곁에 있는 김을순(70세) 할머니는 3대째 정성을 다하고 있다. 매월 1일과 15일 새벽에 떡·과일·술을 차려놓고 집안의 안녕과 자손이 잘 되기를 빌고 있다.

예천군의 수살막이 선돌

예천군 지보면 대죽리, 큰 길에서 마을로 들어가는 길 입구에 선돌이 버티고 서 있다. 마을에서는 그냥 수살막이라지만 심술이 대단한 것으로 알려져 있다. 이 수살막이 선돌은 동네 과부들이 딴 곳으로 재가를 못하도록 동네 어귀에서 눈을 부릅뜨고 지킨다는 것이다.

동네 어귀를 지키는 이 선돌 외에도 마을 앞 논 가운데 세 개의 선돌이 있었고 옛날에는 일곱 개나 있었다고 한다. 이들 선돌이 마을 과부들의 새벽 탈출을 꿈도 못 꾸게 막았다니 심술이 보통이 아니다. 마을 노인들은 아직도 이 선돌을 함부로 하지 않는다. 마을의 안녕을 지키는 수살막이로 믿고 있기 때문이다.

용문면 죽림리에 있는 세 개의 선돌 역시 수살막이이다.

마을 남쪽에 동서방향으로 50미터 간격을 두고 나란히 서 있다. 가운데 선돌의 높이는 2미터 가량으로 좀 크고 양쪽은 높이 1.2미터로 크기가 비슷하다. 마을 사람들은 가운데 남근이 두 여근을 거느린 선돌이라고 한다. 모두 논 가운데 있다. 30여 년 전 누군가가 건드렸다가 마을에 줄초상이 났다고 한다. 마을 사람들은 해마다 금줄을 치고 잘 보존하고 있다.

대죽마을 수살막이 선돌
이 선돌은 동네 과부들이 딴 곳으로 재가를 못하도록 동네 어귀에서 눈을 부릅뜨고 지킨다는 것이다.

솔가지에 덮여 있는 윤직리 처자바위

상주군 함창읍 윤직리에 있는 이 여근석은 아무도 이 바위를 본 사람이 없을 정도로 철저하게 보호되고 있다. '처자바위'로만 불리는 이 여근석은 개인 집 한 귀퉁이에 블록담으로 둘러막고 금줄을 쳐 접근을 금하고 있다.

매년 음력 정월 열나흘 날 소나무 가지를 서너 짐씩 져다가 위에 덮고 동제(洞祭)를 지낸다. 매년 덮기만 하고 오래된 솔가지를 걷어내지 않아 두엄더미처럼 솔잎이 쌓여 있다. 쌓인 두께가 1미터도 더 될 것 같다.

살아 있는 사람 중에 이 바위의 생김새를 본 사람은 아무도 없으니 어떻게 생겼다는 소리도 들어본 일이 없다. 일제 때 그렇게 엄하던 산림계 직원들도 이 여근석을 덮기 위해 소나무 가지를 베어오는 것만은 허락했다는 것이다.

그런데 언제부터 왜 이 여근석을 덮기 시작했는지는 모른다. 다만 이 바위 위에 덮은 솔가지를 들치거나 바위를 쑤석거리면 동네 여자들이 바람나 가출한다는 얘기만 전해지고 있다. 썩고 있는 두엄 때문에 여근석도 삭아버리지나 않았는지 모를 일이다.

청송군의 아들바위

청송 주왕산(720미터)에는 기암괴석이 많다.

매표소에서 등산로를 따라 3백 미터 가량 오르면 오른쪽 계곡 한가운데 직경과 높이가 7~8미터나 되는 아들바위가 있다.

돌을 던져 이 바위에 얹히면 득남한다고 하는데 길에서 10미터 이상 떨어져 있는데도 바위 위에는 돌멩이가 엄청나게 얹혀져 있다. 얼마나 많은 부인네들이 아들 낳기를 빌며 돌을 던져 올렸는지 더 이상 얹힐 자리가 없을 것 같다.

이 바위에 빌어 아들을 얻은 사람은 매년 다시 찾아와 이번에는 아들의 출세를 염원한다고 했다. 아들바위에서 마주보이는 기암(旗岩) 뒤쪽에 거대한 남근모양의 바위가 솟구쳐 있고, 그 옆쪽으로 여근형 암벽도 보인다.

또한 부동면 신점리 아들바위는 영험이 별다르다고 소문나 있

형산 왕룡사 삼신당
삼신당에는 나무뿌리가 절 내부까지 들어와 있어 신비한 모습을 하고 있다.

다. 그리고 꼭 부부가 같이 있어야 효험이 있다.

　청송에서 15킬로미터 가량 떨어져 있는 이 마을은 학생들의 통학시간에 맞춰 하루 2회밖에 버스가 다니지 않는 외딴 마을이다. 그래서 외지 사람들이 잘 드나들지 않는 이곳을 찾는 사람이라면 아들바위에 볼 일이 있을 수밖에 없다. 이 아들바위는 신점 1동에서 동쪽 방향의 하천 가운데 있는데 높이가 3미터나 되는 귀두형이다.

　3백여 년 전 고을의 사또 부인이 꿈에서 신령이 일러준 대로 이 바위에 빌어 득남했다는 전설이 있은 이후 아이를 못 낳는 부인들이 찾아와 치성을 드리기 시작했다. 요즘도 먼곳에서 찾아오는 부부가 심심찮다

왕룡사의 삼신당

　삼신(혹은 산신(産神))은 여신(女神)으로서 삼신할머니라고도 많이 부르는데, 기자의 대상인 동시에 출산 및 육아, 그리고 산모의 건강까지를 담당하는 신으로 섬겨져 왔다.

　과거에는 영아 사망율이 높은데다가 자식을 못 낳으면 칠거지악에 해당되어 내쫓김을 당하기도 하였기 때문에 우리 여인네들 사이에서는 기자신앙, 삼신신앙이 뿌리 깊게 내려왔다. 아이가 태어

나는 것은 신의 섭리이므로 신의 노여움을 사지 않기 위해서는 부정(不淨)을 막고 아이의 잉태에서부터 출산, 육아에 이르기까지 경건한 마음으로 기원을 해야한다고 믿었던 것이 우리 산속의 역사다. 삼신은 주로 주부나 산모, 산아의 할머니에 의해 섬겨졌고 동네에서 잘 비는 할머니를 모셔다 빌기도 했다.

이런 삼신신앙은 이제 많이 사라졌지만 아직 그 맥을 잇고 이어지는 곳이 있다. 바로 월성군 강동면 국당2리에 있는 왕룡사의 삼신당이 바로 그곳이다.

그런데 이곳 삼신당에는 나무뿌리가 절 내부까지 들어와 있어 신비한 모습을 하고 있다. 자연의 조화인 이 나무뿌리는 그 모습이 여성의 성기를 닮아 사람들의 숭배의 대상이 되고 있으며 기도처의 상징이기도 하다. 국내 유일의 산신당(産神堂)이 있고 산신정화(産神幀畵)가 남아 있는 곳이다.

정상의 남근을 향하여 각기 개개인의 기도터가 현재도 많이 남아 있다. 주로 대학 입학, 소원성취, 득남 등의 기도가 일년 내내 이루어지고 있는 명당터다.

소피 보는 모습의 여궁폭포

폭포는 원래 여근곡처럼 생겨 있게 마련이지만 문경 새재에 있는 여

문경 새재 여궁폭포
여인의 하체를 닮아서 여궁폭포라 불린다.

궁폭포만큼 잘생긴 것은 찾아보기 힘들다. 조령 제1관문에서 오른쪽 계곡을 거슬러 올라가면 8백 미터 지점에 있다. 여인의 하체를 닮았다 해서 여궁폭포 또는 여심(女心)폭포라고도 부른다. 높이 20미터에서 내리꽂히는 물줄기는 장엄하고, 기암절벽과 노송이 멋진 조화를 이룬 폭포 주변은 일곱 선녀가 구름타고 내려와 노닐었다는 전설 그대로 빼어난 경관이었다. 주변 경치에 넋을 잃고 있다가 정신을 차리고 보니 과연 전국 제1의 여궁폭포이다.

군위군 부악면 대율동의 진동단

마을의 동제를 지내는 곳으로 그 특이한 형태가 이채롭다. 진동단이 위치한 대율초등학교 앞 송림을 성안이라고 한다. 임진왜란

대율동의 진동단
화강암 석축 위에 약 4미터의 기둥을 세우고 꼭대기에는 돌을 깎아 만든 오리를 얹어놓았다.

때 홍천뢰 장군이 군사를 훈련했던 장소로 돌담이 쌓여 있고 그 안에 진동단이 있다.

 화강암 석축 위에 약 4미터의 기둥을 세우고 꼭대기에는 돌로 깎아 만든 오리를 얹어놓았다. 그 전에는 돌무덤을 쌓아 긴 막대를 세우고 막대기 위에 나무를 깎아 만든 오리를 얹은 형태였다고 한다.

 마을에서 말하길 흔히 '벼신' 또는 '비신'이라고 하는데 이와 같은 구전을 토대로 하면 대율동의 진동단은 형태적인 측면에서 '솟대'의 모습을 보여주는 것으로 주목된다.

기자석의 역사

오출세(동국대 교수)

결혼으로 가족이 형성되면 무엇보다도 우선 고려되어야 할 점은 자녀 출산, 그 가운데서도 남아의 출산이었다. 따라서 한국 전통사회는 그 시대 나름의 가치관과 신앙체계에 의해 기자속신이 다양하게 발생한 사회였다.

기자석(祈子石)이란, 아들을 낳기 위하여 인간보다 힘이 있다고 생각되는 초인간적인 능력의 소유자에게 기원하는 습속이다. 이에는 치성 기자의례, 주술 기자의례, 물품소지 기자의례, 복용 기자의례, 선행 기자의례, 출산력을 얻는 비방의례, 기타 여러 가지 기자의례 등의 7가지로 분류가 가능하다.

> 전생에 무슨 죄로 여자 몸이 되어
> 부모동기 멀리하고 생면부지 남의 집에
> 시집와서 고생이 말이 아니다

위의 내방가사 1절은 시집살이의 어려움을 표현하고 있다. 여성은 시집살이 외에 설상가상으로 남자 집안의 대를 이어주지 못하면 존재가치조차 인정받을 수 없었다. 그리하여 자녀 생산을 하지 못하는 여인이 영험이 많은 어떤 존재에 기원해서 아이를 갖고자 하는 기자습속이 생겨났다.

이때의 자녀란 남아 즉, 아들을 지칭함은 물론이다. 심지어 딸을 낳으면 '지나가는 새우젓 장사도 섭섭해' 하는 것이 시정인심이 되었고, 기를 때도 차별하게 되었다. 더구나 이러한 생각을 심화시킨 것은 조선조에 이르러 형식적인 유교사회의 확장으로 남존여비사상이 더욱 구체화되면서부터였다.

이는 먼 옛날부터 생성 발전된 가족제도, 즉 가부장제도가 여성으로 하여금 후사문제의 책임을 전적으로 맡게 하였다. 물론 '불효삼천무후 위대(不孝三千無後爲大)'라는 다른 나라의 전례가 없는 것은 아니지만, 지나친 예교주의로 흐른 조선시대 사속관념의 결과였다.

민간에서 자녀를 바라는 심정으로 속신되어지고 있는 기자행위는 전술한 7가지의 다양한 유형들이 있겠지만, 대체로 다음의 둘로 대별할 수 있다.

하나는, 일정한 대상물을 정하여 그곳에 치성을 드리는 기자치성(기원의례)이고, 다른 하나는 특정한 사물이나 특별한 음식 섭취에 따른 주술성에 의존하는 기자주술이다.

여기선 이 글의 성격상 기자치성에 국한해서 논의코자 한다. 기자치성은 여자가 치성으로서 신령을 감동케 하여 신력으로 잉태하려는 것이고, 종교력으로 기원을 성취하려는 행의이다. 신령을 감동시키는 데에는 언제나 심신의 고된 고행을 감내해내는 정신과 노력이 요구되기 때문에, 이를 치성이라 부른다.

기자치성은 장소나 대상물(신앙성)에 따라 방법이 다양하다. 먼저 치성하는 장소는 정결한 곳이어야 하며, 신성이 구비될 만한 특징이 있는 곳이어야 한다. 불력(佛力)을 얻기 위한 절(대웅전, 칠성각, 석불 있는 곳, 우물 등), 신력을 얻기 쉬운 무가, 민간신앙의 보고로 가신(家神)이 서려 있는 집안(한적한 방, 툇마루, 부뚜막, 장독, 우물, 탱자나무 등), 산신이 깃들여 있는 산(당집, 서낭당, 선바위, 왕바위, 복바위, 알터, 샘터, 고목, 사상봉, 명산대천 등)이 있다.

우리나라의 문헌상 산천에 기원하여 아들을 낳은 예는 《삼국유사》에서 웅녀가 신단수 아래서 기원하여 단군을 잉태한 것을 필두로 《삼국사기》에도 그 예가 보인다.

금산의 남근
기자치성은 여자가 치성으로써 신령을 감동케 하여 신력으로 잉태하려는 것이고, 종교력으로 기원을 성취하려는 행위이다.

《고려사》에는 명종 14년 태자가 아들이 없어 사신을 보내어 백마산에 제사지냈다는 고사가 나오며, 조선조 말 명성왕후는 묘향산에 빌어 순종을 낳았다는 기록이 《순종실록》에 전한다.

《삼국사기》에 나오는 금와왕 신화는 곧 명산대천에 빌면 아들을 얻을 수 있다는 기자속신으로 발전하여 오늘에 이르고 있다.

서울 현저동 인왕산 기슭에 있는 '선돌'은 선바위 돌부처라고도 하며, 아이 갖기를 원하거나 아이의 무병장수를 위하는 여인들이 촛불을 켜고 3색 실과를 차려놓고 택일을 하여 비손을 한다. 서울 안산동의 안산 꼭대기에는 '말바위'라는 말 모양의 바위가 있다. 애를 못 낳는 여자가 말바위 엉덩이 부분에서 두 다리를 벌리고 앉아, 엉덩이로 굴러서 말바위 머리를 향해 가서 목을 꽉 끌어안 았다가 돌아오기를 세 번 반복하면 잉태한다는 속신이 있다.

제주시 용화사에 있는 서미륵 옆에는 남근 형상의 자연석 화강암을 다듬어놓은 동자불이 있다. 무당이 아들을 점지해주기를 빌면서 묶여진 종이를 미륵의 배에 매달아 놓는다. 아이 낳기를 원하는 부인들은 서미륵 옆 동자불에 걸터앉아 은밀히 주술적인 행위를 하고 간다.

경주 계림로 30호분 출토의 토우장식 장경호에는 막 성교를 하려는 남녀의 토우가 장식되어 있다. 이는 울주군 반구대의 암각화처럼 하나의 종교의례로 보아야 할 것이다.

어쨌든 고대의 성신앙의 대상물은 남녀 성기를 닮은 바위·산·계곡이나, 성기와 비슷하게 깎아서 만든 나무와 돌이 대부분이었다.

1984년 국립중앙박물관에서 발간된 《한국의 성신앙 현지조사》에서 현지조사를 통한 성신앙의 윤곽을 조망하고 있으나, 체계적이고도 전국적인 연구가 필요하다고 본다.

전국 성신앙유적 45개를 기능별로 분류해 보면 득남 26개가 여타의 마을수호 9, 여자바람 5, 가정위안 3, 풍농·풍어 1, 식수원 1에 비해 압도적으로 많다.

고대의 성신앙에는 풍수신앙, 미륵신앙, 장승, 묘의 섶주 등 광범위하지만 풍요, 다산을 기원하는 염원과 함께 남아 선호사상도 습합되어 있다. 특히 조선조 성리학의 유입으로 사속관념의 명분 하에 한국의 기자속은 끊임없이 전해지고 있다.

8장

문자학으로 본 성석의 의미

나주 동사리 당산나무 밑의 동구물 선돌이다.
귀두가 눈비에 상할세라 마을 사람들이
짚 삿갓을 씌웠다. 아침 저녁으로
선돌을 보살피고 있는 배한준(74세) 씨는
이 선돌 덕분으로 30여 년 간
젊은이 못지않은 건강을 유지하고 있다고 한다.

문자학으로 본 성석의 의미

 첨단과학의 시대라는 지금도 서울 서대문구 안산의 '까진바위' 앞에 가면 불을 켰던 초와 향, 사과와 떡 등 제물을 쉽게 볼 수 있다. 까진바위뿐만이 아니다. 가평의 '미륵바위' '관악산의 부부암' 등 전국의 기자석 앞에는 지금도 일편단심 무엇을 간절히 비는 사람들이 줄을 잇고 있다.
 딸 아들 구별말고 하나 낳기 운동에다 어머니 뱃속 태아의 성별까지 구별해내는 요즘도 떡두꺼비 같은 아이를 점지해달라는 사람이 그렇게 많은지 정말 알다가도 모를 일이다.
 남근이나 여근을 닮은 자연석을 보면 점잖은 사람들은 애써 고개를 돌린다. 그러나 무엇인가를 간절히 바라는 사람은 그 앞에서 고개를 숙이고 염원을 한다.
 꼭 아기를 갖고 싶은 것만은 아니다. 내 자식을 명문대학에 합격시켜달라는 모정도 있다. 집안에 우환이 있거나 사랑하는 사람의 건강을 위해서도 빈다. 개인뿐 아니라 마을 단위로, 또 더 큰 면이나 군단위로 집단적인 제천(祭天)행사도 한다

제아무리 과학이 발달해도 인간이 살아가는 이상 이 같은 제단(祭壇)은 사라지지 않을 것이다.

수컷과 암컷, 음과 양은 이 세상 만물의 근원이다. 음과 양이나 창조 자체를 부정하면 존재의 의미가 없다. 생명은 곧 번식이자 창조이다. 자연의 법칙이다. 생명의 본능이 곧 생식이자 번식이다. 만물의 영장이라는 인간은 더 말할 나위가 없다. 때문에 생식숭배가 인류 최초의 기층문화로 원시문화의 근원이 된다는 것은 자연스럽다.

출산은 곧 풍요(豊饒)이다. 원시 시대든 석기 시대든 청동기·철기 시대, 유목사회·농경사회든 노동력은 바로 그 자체가 힘이요, 번영이요, 풍요가 된다.

모계(母系)가 되든 부계(父系)가 되든 딸 아들 구별없이 많은 후손을 둔다는 것은 바로 풍요, 부의 상징이다. 건강하고 힘 있는 자손을 바라는 소망은 생식숭배사상으로, 기자(祈子)신앙으로, 모든 민족의 기층신앙으로 자리잡게 된다.

자기 자손은 물론이고 자기 소유의 가축이나 농작물을 풍요롭게 해달라는 소망은 전지전능할 것 같은 하늘이나 해와 달, 산이나 강·바다·숲 같은 대자연을 기도의 대상물로 삼게 된다.

수많은 기도의 대상물 중에서도 인간 신체의 일부분같이 생긴 자연이 바로 경배의 대상이 된다는 사실은 인간성과 신성(神性)을 동일하게 보는 의식의 발현이라 할 것이다. 이 같은 의식의 표현, 즉 숭배의식은 생산과 풍요의 소원과 각종 재난의 방어, 행운을 달라는 개운(開運)의 바람이 된다.

예부터 사람들은 수컷의 양물(陽物) 모양을 한 돌이나 바위를 양석(陽石)이라고 불렀다. 암컷의 음물(陰物) 모양을 한 돌이나 바위를 음석(陰石)이라 했다. 양석을 남근석(男根石)이라고도 하고 입석(立石)·선돌·장군석·촛대바위·총각바위·갓바위·낭군석·좆바위·할배바위·신랑바위·사랑바위·아들바위·불알바위라 했다.

음석을 여근석(女根石), 여궁(女宮)이나 밑바위·여자바위·할미바위·처녀바위·요강바위·삻바위·치마바위·각시바위·사랑바위·천녀암(天女岩)이라 했다.

봉원사 뒷산 까진바위
사람들이 얼마나 지극 정성으로 비볐는지 바위 전체가 둥글게 패여 있다.

남근과 여근이 같이 있으면 부부암(夫婦岩), 비슷한 남근이 그 밑에 또 하나 있으면 자식바위·아들바위라 하고 이를 통틀어 미륵바위라 부르기도 한다.

여근 비슷한 모양의 계곡이나 구릉, 폭포나 으물을 또 음곡(陰谷)·여근곡(女根谷)·석여곡(石女谷)·음정(陰井)·할미샘·어미샘 밑샘·처녀샘이라 했다.

지극정성을 들여 돌이나 쇠붙이 등으로 비비다 보니 둥글게 파진 것을 알바위·알터·용알바위 등 지방에 따라 부르는 이름도 갖가지다. 따지고 보면 모두가 성석(性石)이라는 포괄적인 뜻이 된다.

기자석은 문자의 기원

수컷의 상징인 양물과 암컷을 닮은 음물은 인간의 지능발달과 함께 문자, 즉 글자가 만들어지는 원인이 된다.

인류 최초의 문자인 4천5백 년 전 고대 금문(金文)의 첫 글자가 바로 막대기나 몽둥이, 수컷 모양인 'ㅣ'라는 글자로 표시된다. 곧 추 선 'ㅣ'자가 누으면 여자의 표시, 즉 땅의 상징인 'ㅡ'자가 된다.

그림 1 신농

최초의 글자가 바로 수컷과 암컷의 표시이다. 그 다음이 하늘·땅·할아버지·할머니·아버지·어머니·손자 등 사람과 권력의 상징인 족장, 우두머리, 임금과 또 경제력을 휘어잡는 갖가지 모양의 화폐, 각종 무기류의 이름으로 문자가 형성되어 간다.

성석과 문자

우리가 여기서 찾고자 하는 기자신앙의 대상물인 남근석과 여근석은 문자학으로 볼 때 어떤 의미를 가지고 있으며 글자의 모양은 어떻게 변해 가는가?

기자신앙이나 성신앙·성석 자체가 바로 민족 고유의 신앙이자 원시종교였음이 문자학에서 지금 밝혀지고 있다.

결론부터 말하면, 남자를 상징하는 양석(陽石)인 남근석이나 여자를 상징하는 음석(陰石)인 여근석이 바로 전지전능한 하느님, 우리를 점지해준 삼신할머니, 우리의 조상인 시조신(始祖神)을 상징하고 있는 것이다.

막대기나 몽둥이같이 생긴 남근석, 즉 성석이나 기자석은 4천5

백 년 전의 전설적인 대륙의 시조인 염제 신농씨의 표시인 신농씨의 성이자 이름이다. 신농씨족 계열이 우리가 시조로 또 국부로 모시는 단군할아버지나 곰녀할머니와 같은 계열이니 우리의 시조신이나 다름없다는 결론이 되는 셈이다.

중국 사람들은 신농씨를 동방계(동이계)라 하여 자기들의 시조로 인정하지 않고 대신 황제 헌원(黃帝 軒轅)을 시즈로 내세우고 있다.

그러나 새롭게 해석하고 있는 현대 문자학에서는 신농이 없으면 황제 헌원이 존재하지 않는다고 보고 있다. 그리고 무엇보다 황제 헌원보다 더 신성시하는 황제의 부인 뉘조할머니(삼신할머니)가 바로 신농의 딸임이 밝혀지고 있는 것이다.

동방계, 즉 동이계의 족장인 신농을 숨기기 위해 모든 역사를 황제 헌원 위주의 사관으로 변조해버린 것이 중국의 사학자에 의해 드러나고 있다. 중국 문자학계의 새로운 해석에 따라 중국 역사상 최초의 임금이자 시조가 동이계의 염제 신농씨라고 한다면 이는 우리의 시조인 단군계열이 된다는 얘기로 비약되는 것이다.

아무튼 신농이 우리의 시조가 된다거나 신농이 바로 단군계열과 동일하다는 것은 관계학자들의 논증이 있어야겠지

관악산 정상 밑 여근석
남근석·여근석은 바로 전지전능한 하느님, 우리를 점지해준 삼신할머니, 우리의 조상인 시조신을 상징하는 것이다.

만 생식숭배나 성신앙, 성석 등 우리의 민속을 재정립하는 입장에서 염제 신농씨는 지금까지 풀리지 않았던 민속의 단서가 된다.

다시 말해 丨자와 ㅡ자는 염제 신농(炎帝 神農, 천신)씨나 신농의 아들 '해할아버지' 주(柱, 主)씨인 희화(羲和, 해신), 딸인 '누에할머니' 뉘조(嫘祖, 땅신, 삼신할머니), 누에할머니의 딸인 상아(嫦娥, 달신) 또 신농의 손자인 '진짜임금' 정옥고양(正玉 高陽) 임금 등 소위 동이계열(東夷系列)의 시조와 단군(檀君)을 상징하는 토템으로 보는 것이 문자학이 풀어놓은 공로라 할 것이다.

'丨'자는 역사 이래 최초의 그림글자

4천5백 년 전 염제 신농씨 때 통용되던 청동으로 만들어진 화폐에 이 글자가 쓰여 있다. 이 글자는 신라에서 여진으로 들어간 뒤에 금(金)나라를 세우고 자기 성씨가 '애신각라(愛新覺羅)'라고 선언한 청(淸)나라 황실의 내부비고(內府秘庫)에 간직되어 있던 옛 화폐를 엮은 책 《서청고감(西淸古鑑)》의 전록(錢錄) 제18도에 나와 있다.

서기 1세기 후한(後漢)의 문자학자 허신이 쓴 《설문해자(說文解字)》(진나라 이전의 글자를 통틀어 문자를 체계화한 동양문자 사상 최초의 자전)에는 '丨'자를 "아래 위를 통한다(上下通也)" "위로 그어서 읽을 때는 가마, 정수리 신(囟)으로 읽는다(引而上行讀若囟)" "아래로 그어 물러갈 퇴(退)로 읽는다." 했다.

가마·정수리는 사람을 나타낸, 다시 말하면 "독립해 서 있는 사람"을 나타낸 최초의 단순한 그림글자인 상형문자이다.

허신은 또 '丨'자가 신(神)자로까지 변하는 중간 과정에서 나타나는 납, 펼, 밝은 신(申)자를 "종구자지야(從臼自持也)"라고 해석하고 있다. 여기서 종구(從臼)만 무슨 뜻인지 알쏭달쏭할 뿐이지 자지(自持)는 우리나라 사람이라면 삼척동자라도 아는 남자의 생식기라는 말이다.

그림 2 구(臼)

종구(從臼)의 확 구(臼)자는 그림글자인 금문에서 보면 두 손으로 무엇을 싸잡고 있는 듯한, 남자의 씨를 받는 그릇으로 여자를 상징하는 글자다.

요즘 나오는 자전에서는 잘 보이지 않으나 '보배스런 땅'이라는 '보지(寶地)' 구(臼)라는 글자를 만들고 그 음만을 붙여 다른 모양을 만들었는데 자보(字補)에는 "소리[音]는 구(俱)로 읽고, 여음(女陰)이라 한다."고 주(註)를 달아놓았다.

끼울, 꽂을, 가래 삽(揷)이라는 글자에서 보면 구(臼)자가 더욱 확연하게 사람의 성행위를 사실적으로 그린 글자임을 알 수 있다.

따라서 허신의 "종구(從臼)"는 '여자를 좇아서'(모계사회의 반영)로 읽고 그 다음의 "자지야(自持也)"는 현재의 우리 말의 자지, 즉 남성의 생식기, 남근(男根)을 가리키고 있다. 즉 "종구(從臼) 자지야(自持也)"는 "여자를 좇아서 스스로 씨를 가진 사람"으로 해석한다. 즉 'ㅣ'자는 하나님 신(神), 귀신 신(神)자가 되어 가는 과정에서 생기는 글자인 신(申)자로, 쓸 때는 자지(自持)라는 뜻으로 쓰였음을 알 수 있다.

자지(自持)란 말은 허신이 이 책을 만든 서기 1백 년대 때만 해도 남아 있었다. 지금 중국어 자전으로는 무슨 뜻인지 모르는 말이다. 중국의 자전에서는 이미 없어진 말이지만 우리말로 하면 누구나 다 아는 말이다. 한자의 종주국이라는 중국사람에게 자지(自持)와 보지(寶地)를 들먹이면 허신처럼 전혀 엉뚱한 해석을 한다.

지금 콩팥 신(腎)으로 읽는 글자를 자지 신(腎)으로 읽고 있으나 이것은 뒷사람들이 앞의 구(臼)자와 함께 새로 만들어낸 글자임을 알 수 있다.

그림 3 신(申)

즉 납, 펼, 밝을, 환할 신(申)은 하느님 신(神)의 중간단계에 있는 글자로 '자지(自持) 신(㫃)'가마 신(囟)'으로 읽었던 글자이다. '㐅'자를 하느님 신(神)으로 읽는 것도 허신의 해석이다.

《설문해자》에서 "하느님은 만물을 끄집어낸 분이다(天神引出萬物者也)."라고 했으니 설명은 더 필요없다.

우리말《한한사전(韓漢字典)》에도 '㐅'자를 '셈 세울 곤(象數之縱)', 뒤로 물러설 곤(退也), 위 아래로 통할 곤(上下相通), 위로 통할 신, 통용되는 음은 신이라 했다. 아무튼 '㐅'자의 읽는 법은 여러 가지이다.

첫째는 '하나님 신', 하나밖에 없는 님이란 뜻이다.

둘째는 '우두머리 신'이다.

셋째는 '가마 신'이다. 머리 꼭지를 지금도 가르마, 가마라 부른다. 우두머리가 되는 부족장 가운데 중심이 되는 가마사람이란 뜻이다.

넷째가 '갓장이 신'이다. 갓장이는 청동기를 만들어내는 특수 신분의 사람이다. 석기 시대를 지나 나타난 청동을 만들 줄 아는 기술은 그때 당시로써는 첨단기술이었다. 석기 시대 돌과 나무로 만든 무기를 사용하다가 철갑옷에 단번에 인마를 죽이는 쇠로 된 칼과 창·방패·화살 등이 나타났으니 이것들이 세계를 지배할 수 있는 엄청난 첨단무기였음은 당연한 결과였다. 여기다 돌이나 조개껍질·나무로 만들어 쓰던 화폐 또한 변조가 어려운 청동으로 만들 수 있어 한 나라의 실권자, 우두머리가 아니면 이런 청동을 다룰 수가 없었다.

다섯째는 '꽂을 곤'. 양떼를 몰고 떠돌이로 돌아다니던 민족이 한곳에 모여 농사짓고 취락을 만들어 산 입주정거(立住定居)의 표시로 기둥을 꽂고 산다는 뜻이다.

영동 용산면의 솟대
솟대는 하나의 기둥에 기(旗)를 매단 모양새를 일컫는다.

나라의 경계가 되고, 마을의 경계. 나아가서 성스런 곳, 마을의 안녕을 위해 빌고, 하늘에 제사를 지내는 곳인 소도(蘇塗)에 꽂는 솟대가 되는 것이다.

이 솟대 위에 새를 조각해 얹히기만 하면 이는 동방족(東夷族), 즉 신농계의 새족, 봉족(鳳族)의 신성한 터라는 표시가 된다. 곁들여서 이 부호가 남성 생식기의 상형문자로 자지(自持)라는 뜻이 된다. '사람의 씨를 스스로 가지고 있다'는 뜻이다.

'丨'자는 丫 - △ - ▲ - ▲ - 묘 - 且 - 血 -祖자까지 변한다.

또 '丨'자는 확 구(臼)자에 막대기나 남근을 꽂은 신(囟)자에서 신(申), 신(申)자에 보일 시(示)가 붙어 하나님, 귀신 신(神)자로 변하듯 자지는 아버지→할아버지로 변화되면서 사람의 조상이 되

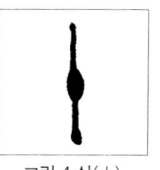

그림 4 십(十)

어가는 뜻을 제대로 나타내고 있다.

따라서 하나님 신(㫃)은 한 아버지 조(祖)로 변한, 두 글자가 같은 뜻이라는 언어학적인 발전체계를 쉽게 판단할 수 있는 글자이다. 또 하늘 양(丨)과 땅 음(_)이 합해지면 열릴 십(十), 열 십(十)이라는 글자가 된다. 하늘과 땅을 연다는 것은 하나님인 태양(日, 陽)뿐이다. 따라서 열 십(十)자는 태양·해를 뜻한다.

금문(金文)에서 '丨'자는 '丨'자 가운데에 알을 배듯 가운데가 둥글게 약간 튀어나온 모양 ♦을 하고 있다. 배가 불룩한 이 글자는 끝이 뾰족하게 나온 ♦자로 변한다. 바로 십(十)자의 원형 글자다.

또 丨자는 할아버지 조(祖)자가 되는 과정에서 보이듯 丨자가 △형으로 되고 △안에 점이 있는 △자(맞 백, 白)가 동그란 원 안에 점이 있는 ⊙자로 변하다가 후대에 와서 날 일(日), 해, 태양 일(日)자로 고정이 되는 것이다.

丨, △, ⊙, 日자가 바로 하나님이자 한아버지, 할아버지인 염제 신농씨의 부호이다. 염제 신농의 염(炎)이 불을 뜻하듯 바로 해(日), 햇빛(陽), 태양인 것이다. 따라서 丨자나 _자, 十자가 모두 염제 신농 계열의 해족이나 태양족을 의미한다.

기자석은 솟대의 표시

솥에 그려진 글자에 솟대가 있다. '솥을 바꿔 고친다'는 말은 정혁(鼎革)이라고 하는데 이는 종묘사직인 국가의 주체, 곧 왕조를 바꾼다는 뜻이다.

솟대는 하나의 기둥에 기(旗)를 매단 모양새를 일컫는다.

신농의 丨자는 신농의 아들, 주(柱) 때에는 ㅂ로 표기된다. 이 Y자는 주의 아들, 즉 신농의 손자인 정옥고양(正玉高陽) 임금 때는 ¥로 변했다가 고양 임금의 장남인 상(相) 때에 오면 '모든 것을 이루었다'는 ㅏ(成)자로, 또 상의 장남 때에는 '모든 것이 번성해졌다'는 ㅂ(盛)자로 변해간다.

기둥은 사람의 씨가 나오는 남근을 뜻하며 깃발은 바람에 나부끼는 치마폭과 같이 여자를 가리킨다.

고대사에서 보면 하나님 신농씨의 부호인 가다 신(神, 丨)에 황제족의 딸(月)이 합쳐서 솟대가 되고 글자로는 '이룰 성(成)' 또는 '성할 성(盛)'이란 글자가 되었다.

그림 5 주의 솟대   그림 6 고양의 솟대   그림 7 상(相)   그림 8 성(成)   그림 9 성(盛)

양족(羊族)인 신농씨 계열과 곰족(熊族)인 황제(黃帝, 중국인이 주장하는 그들의 시조신) 계열이 합쳐져서 화합의 역사가 성립되었다는 뜻이기도 하다.

이것이 후대로 내려와 아들 딸을 낳게 해달라고 기원하는 신앙이 되고 기자(祈子)신앙이라는 무속이 되어 사당에 모시는 청동기 명문에 보존되어 이제 글자로 풀어야 그 본래의 뜻을 되찾아낼 수 있게 되었다.

이러한 것은 씨(氏)와 성(姓)이 생겨나는 과정이 글자에 의해서 잘 보존되어 있다. 심지어는 음양학이니 철학이니 하는 문제까지 그 속에서 풀려나오게 된다.

숫대는 솥대로 남자·여자 아이들이 태어나면 태어난 방 윗목에 곡식 씨앗을 담은 그릇을 놓고 글자 모양새와 같이 대나무에 흰 헝겊〔旗〕을 달고 아기를 점지해준 선조들에게 고마움을 기도하는 송가(頌歌)가 되고 기도문이 되었다.

민속에 남아 있는 예속은 나라의 종묘의식을 축소한 것이기도 하다.

고대민속을 밝히는 새로운 금문 해석

4천여 년이란 세월이 지나면서 수많은 학자들이 이 같은 그림글자(금문)을 놓고 저마다 그 해석을 달리했다.

중국사학의 비조로 추앙받는 사마천(司馬遷)은 사마천대로, 공자(孔子)는 공자대로 모두가 각각이었다.

중요한 것은 이들의 해석 여하에 따라 고대의 역사가 송두리째 뒤바뀌고 있다는 점이다. 사마천은 자신이 녹을 먹고 있는 한왕조(漢王朝)를 위해, 공자는 주왕조(周王朝)의 정통성을 위해 모든 해석을 그 왕조에 유리하게 해두고 있다.

청동기 시대의 금문을 총정리해 사마천과 공자 등이 한쪽으로 치우쳐 잘못 해석한 부분을 바로잡아 《금문신고(金文新攷)》라는 방대한 저서를 낸 낙빈기(駱賓基, 1994년 6월 77세로 작고, 북경작가협회 前 부주석) 씨는 丨를 4천5백 년 전 염제 신농의 신(神), 하나님 신(神)자라고 새로운 해석을 했다.

낙씨의 주장은 丨는 밑이 두툼한 丨자에서 두 손으로 양물을 떠받들고 있는 𠬞자가 합쳐지면서 𢆉자로 변하고 이 𢆉자가 신(申)

으로 변했다고 설명하고 있다.

신(申)은 후대에 와서 제상(祭床)을 의미하는 '보일 시(示)'를 옆에 붙여 오늘날의 '신(神)'자로 변했다고 했다.

ㅣ자는 또 삼각형인 △자, 삼각 안쪽에 점이 있는 △자(뒤에 맞백(白)). 삼각 안에 두 줄을 친 △자로 변했다가 남성성기와 비슷하게 생긴 且자로 바뀌다가 조(且)자로, 且자 위에 집 뚜껑을 씌운 宜자가 오늘날의 할아비, 조상, 시조 조(祖)자나 종묘(宗廟)의 묘(廟)자로 변했다.

즉 ㅣ자는 할아비 조(祖), 태양, 해, 날 일(日), 제사를 지내는 묘(廟), 하나님 신(神)자와 모두 같은 뜻임을 밝혀낸 것이다.

한국문자학회 회장 김재섭 씨는 삼황오제 시대가 고조선과 고한(苦韓)의 시대임을 밝혀냈다.

낙빈기 씨의 ㅣ자의 새로운 해석은 지금까지 역대 사학자들이 신화 시대로 덮어버린 삼황오제(炎帝神農, 黃帝軒轅, 少昊金天, 顓頊高陽, 帝嚳高辛, 帝摯, 帝堯, 帝舜,) 시대를 실제 역사의 시대로 밝혀낸 것이다.

이에 대하여 한국문자학회 회장 김재섭(金載燮) 씨는 삼황오제 시대가 우리들이 찾고 있던 고조선(古朝鮮)과 고한(古韓)의 시대임을 낙빈기 씨와 5년 동안의 문자체계에 따른 토론을 통해 밝혀냈다. 다시 말해 우리들의 선조인 동방인(東方人. 夷)이 이 시대를 이끈 주역들이었음을 밝혀낸 것이다.

이어 김씨는 "한학(漢學)이, ㅣ자가 아래(地) 위(天)로 통할 곤(坤) 또는 가마 신(申)으로 읽는다는 해석은 했으나 이 글자가 하나님 신(神)이라는 해석을 하지 못한 것은 그만큼 문자가 일어나고 발전한 내용을 2천 년 전의 후한인(後漢人)으로서는 알 수 없었기 때문이다."라고 지적하였다.

김씨는 "아래(地) 위(天), 곧 천문지리(天文地理)를 통할 수 있는 사람이야말로 역사를 창조할 수 있는 사람으로 신(神)이란 칭호를 붙일 수 있는 사람이다. 그 사람이 바로 신농씨다."라고 강조했다.

낙씨나 김씨는 삼황오제 시대의 문자인 금문이 바로 동방인 계열인 신농계가 창조한 문자였다는 것을 밝혀냈다. 따라서 지금까지 중국 사람들이 자기네 글이라는 한문(漢文)은 당연히 한문(韓文)이 되어야 한다는 주장이다.

신농과 단군계의 족표(토템)

앞에서 설명했듯이 ㅣ자는 신농이자 바로 하나밖에 없는 하나

북한의 남근석

님, 하늘님, 신주(神主)라는 뜻이다.

　최근 북한의 단군연구 전문가인 사회과학원 역사연구소 실장 강인숙(姜仁淑) 박사나 고전연구소 고전연구실장 이상호(李相昊) 박사는 단군(檀君)은 이두(吏讀)로 된 한문이며 순수한 우리말로는 '박달임금'이라 했다.

　이런 발상은 한국학에서도 이미 논의된 문제였다.

　"박은 현대 표기로는 밝이요, 고대어음으로는 붉이며 그 기본어음은 불(火)이라고 본다."고 결론내리고 있다.

　박달의 '달'은 아사달의 달과 함께 《삼국사기》 지리지에서 고구려의 지명에 집중적으로 나오는 '산(山)'의 옛말이다. 따라서 박달은 불산, 화산(火山)이란 뜻이다.(《단군구릉발굴학술보고집―단군을 찾아서》, 이형구 엮음. 살림터 1994년 3월 20일 출간)

　화산(火山)은 태양의 산이란 뜻이다.

　불은 바로 염제 신농계(炎帝 神農系)를 의미한다. 산(山)의 고어는 신농을 표시한 글자 △이자 뫼 산(山)이다. 뫼는 제사의 제(祭), 묘(廟)를 뜻하는, 조상에게 올리는 뫼(밥)란 의미를 가지고 있다. 박달은 바로 우리의 시조신이자 조상신, 하나님이란 뜻과 일치한다. 따라서 성석의 남근형상은 바로 단군이자 신농, 할아버지, 조상, 하나님이란 뜻이다.

　종묘나 사직에서 혹은 개인의 집안에서 제사를 지내는 제례(祭禮)의 주체인 신주(神主)가 모두 천신(天神)이니 조상이라면 성석 앞에서의 간절한 기도 자체가 하나님 앞에서 절하고 소원을 비는 기원과 같은 것으로 보아야 한다는 것이 김씨의 해석이다.

　종묘나 사직은 물론이고 묘 앞에 돌을 깍아 세워놓은 두 개의 기둥이 바로 이 솟대〔天主, 柱〕의 표시이며 신농 단군의 후예로 환생을 비는 기자석이라는 해석이다.

난생설화의 기원

하나님 신농이 해사람 희화(羲和)씨인 주(柱)할아버지 와 땅사람 뉘조할머니인 을 낳는다.

뉘조할머니는 '달사람'인 상아(嫦娥)를 낳아 해사람 주할아버지와 짝이 되어 비로소 올바른 사람의 씨인 전욱고양임금을 낳는다. 전욱고양임금이 나타나므로 비로소 씨사람의 글자모양 ''이 나타난다.

사람이 곧 하늘이라는 인내천(人乃天) 사상을 엿볼 수 있는 사람의 모습이 나타난 것이다. 낙빈기 씨는 이 글자를 역사 최초로 '임금 왕(王)'자로 읽어냈다.

이 글자가 바로 하나님의 바른 씨알인 '알 고양(高陽)' • 으로 동양민족 가운데 자기들이 알에서 나왔다는 이른바 난생설화를 풀 수 있는 문제의 글자이다. 청동기 명문에서 보면 금세 알아볼 수 있는 ㅇ자, 곧 '알'을 그려놓았다. 이 글자가 사마천의 눈으로 보면 전욱(顓頊)으로 해석해 글자 뜻대로 오로지 둔하고 우직한 사람으로 비하시켜놓았다. 뒷사람의 주석(註釋)에서는 오로지 둥글다, 홀로 둥글다는 뜻의 '전옥(專玉)'이 된다. 글자 모양에서 보면 바른 구슬이라는 뜻의 '정옥(正玉)'이라 읽는 것이 옳다.

송(宋)나라 이후에는 모두 '고무레 정(丁)'으로 읽었다. 현대 낙빈기 시대에 오면 '구슬 주(珠)'가 된다.

한국 사람이 보면 금세 알(卵)이란 것을 알 수 있는 글자다.

그림 10 주(柱)   그림 11 뉘조   그림 12 상아   그림 13 고양(高陽)   그림 14 ㅇ고양(高陽)

이 글자가 바로 하나님의 바른 씨알, 알짜 임금인 정옥고양(正玉高陽) 씨이다.

우리나라에 많이 살고 있는 김씨들이 자기들의 시조 할아버지가 알지〔閼智 : 卵子〕라고 하는 까닭도 모두 여기서 나온다. 두 번째 많은 이씨들이 자기네 시조로 내세우는 알평(謁平), 세 번째로 많은 박씨들의 시조 박혁거세(朴赫居世)가 처음으로 입을 열어 "알지 거서간(閼智 居西干) 한 번 일어선다."고 한 말에서 보듯이 알을 그 근본 뜻으로 하고 있는 것은 모두가 고양(高陽)씨가 스스로 표시한 ㅇ자에서 나온 것이다.

중국의 은(殷)·진(秦)·서(徐)의 난생설, 가락(駕洛)·구려(句麗)·신라(新羅)의 난생설도 모두 여기서 근거한 것이다.(《동양고대사 인식체계에서 본 고조선》, 1992년 8월. 北京大 朝鮮學國際學術大會 金載燮 논문 발표)

신라나 가락고분에서 많이 출토되는 곡옥(曲玉)이 뉘조할머니나 누에 나방할머니의 알을 상징한 것이라는 것도 쉽게 짐작이 간다.

남근과 여근이 있는 주위의 바위나 돌에 어김없이 있는 크고 작은, 깊고 얕은, 둥근 알자리는 지극한 정성으로 삼신할머니

부암동 옛 붙임바위
성석 주위의 바위에 있는 둥근 알자리는 삼신할머니나 하나님께 치성을 드린 자리이다.

하나님에게 소원을 빈, 치성을 드린 자리이다.

지금은 없어진 서울 자하문 고개에 있던 부암동의 비빔바위, 북한산 도선사 들머리 비빔바위, 속리산 문장대 바위에 있는 十자와 꼭대기의 알터, 두타산 쉰우물, 서울 인왕산, 부산 금정산 등 전국 산의 정수리에 파여 있는 알바위, 알터가 모두 하늘을 보고 소원을 빈 곳, 천제를 올린 곳임은 말할 나위 없다.

우리가 무심코 쓰는 말 또 우리나라에 남아 있는 언어와 많은 민속은 동양의 고대사를 푸는데 결정적인 기본재료가 된다. 이제 새롭게 해석하기 시작한 청동기 명문연구가 우리의 말과 민속을 밝혀내는데 결정적인 단서가 될 것이라는 것이 낙씨와 김씨의 시각이다.

거석문화는 세계적 현상

아득한 옛날 옛적부터 경배의 대상으로, 신성시되어 왔던 이 기자석은 외침이 있을 때마다 민족의 기(氣)를 말살시킨다는 주술(呪術)의 한 방법으로 어김없이 파괴됐다.

일본이 이 땅을 강점하고는 그 정도가 심해 보이는 족족 깔아뭉개고 그 원형을 없애려고 혈안이 됐다. 그 당시 전국의 기자석은 무자비한 수난을 당했다. 일본은 《삼국유사》에까지 나오는 경주의 거대한 여근곡을 통째로 없애지 못하자 여근곡과 닿을 듯 말듯 마주보고 있는 거대한 남근형 산의 줄기를 잘라내기 위해 그 위로 중앙선 철로를 깔아버렸다. 제 나라 황실까지 좌지우지한 신라인의 기상을 영원히 꺾기 위해서 땅의 기운을 먼저 없애야 된다는 믿음이었다.

그런데 더욱 안타까운 것은 우리 스스로의 손으로 한 조직적인 파괴였다. 침략군이 점령지의 독립군의 씨를 말리기 위해 한 파괴는 이해가는 일이지만 제 나라 땅의 유구한 유산을 제 손으로 말살시킨다는 것은 정말 알다가도 모를 일이다.

지난 1970년대 말 새마을 운동의 하나로 전국의 수많은 산신당과 기자석 등이 무속이라는 미명 아래 마구잡이로 파괴되었다. 그때마다 마을 사람들이 흙이나 풀로 위장했는가 하면 이름 없는 노인네들이 목숨을 걸고 지킨 덕분에 그래도 지금 전국 곳곳에 띄엄띄엄이나마 남아 있게 된 것이다.

기자석이란 것은 다른 예술작품과 달리 한 번 망가지면 다시 되돌릴 수 없는 자연의 창조물이다. 광신도가 됐든 그들의 사주를 받았든 세계적인 민족의 보물을 스스로의 손으로 없애고 만 것은 안타까운 일이다. 가장 민속적인 것이 가장 세계적인 것이라는 것을 망각한, 두고두고 지탄을 받아야 할 행위였던 것이다.

성신앙이 지금은 한낱 기속(奇俗) 정도로 비하되고 있지만 이것이 우리 조상들의 정신세계를 지배한 것은 유적이나 유물로 보아 대략 신석기 시대 후반인 것으로 보고 있다.

마을 경계를 표시했다는 선돌〔立石〕이나 마을 수호신 혹은 염원의 표상이 됐던 돌미륵·장승·돌하루방을 마을 초입이나 당산나무 부근에 자연석을 세운다거나 남녀의 생식기를 닮은 자연지세에 치성을 드림으로써 소원성취와 수복강녕(壽福康寧)을 비는 이 같은 신앙은 바위문화, 즉 거석(巨石)문화로 발전하여 문명의 꽃을 피우고 있는 것이다.

바위문화는 우리나라에만 국한되는 것이 아니다. 형태는 다소

다르지만 인류가 살았던 곳에선 거의 성숭배신앙의 흔적이 발견되곤 한다. 도자기의 입을 남자의 성기 모양으로 했던 마야·잉카문명의 중심지 페루에서부터 지금도 성숭배 의식이 행해지고 있는 인도네시아·태국·일본에 이르기까지 광범위하다. 특이한 것은 문명화된 사회일수록 이 같은 생식숭배, 성숭배, 거석(巨石)문화가 발달했다는 사실이다.

생식숭배, 성기숭배의 궁극적인 목적은 무엇이었을까? 지금 우리가 무관심하게 눈을 돌리거나 코웃음치며 비하하고 있는 기속(奇俗) 이상의 어떤 의미를 담고 있는 것일까?

성신앙의 주대상이 됐던 남녀근석이 자손번영, 액막이, 풍농·풍어, 행운을 기원하는 목적 외에 무엇을 더 원하고 있는 것일까?

도봉산 산신각과 음양석
남녀의 생식기를 닮은 자연지세에 치성을 드림으로써 소원성취와 수복강령을 빌었다.

그 유래가 정착 농경사회가 시작되던 신석기 말 이후이고 보면 이들 성신앙 대상물들이 지녔던 의미는 대략 짐작이 될 것이다.

그러나 성석이 지녔던 역활과 주술적 의미는 고대 미개문화의 한 자료형태로 보아 넘기기에는 너무나 큰 동양의 정신적 뿌리가 담겨 있는 것이다.

한국의 性石

첫판 1쇄 펴낸날·1997년 12월 30일

지은이·김대성·윤열수
펴낸이·김혜경
편집주간·김학원
기획실·김수진 조영희
편집부·한예원 김선경 임미영
디자인·김진 강민구
영업부·이동훈 엄현진
제　작·김영희
관리부·권혁관 임옥희 우지숙

펴낸곳·도서출판 푸른숲
출판등록·1988년 9월 24일 제11-27호
주소·서울시 서대문구 충정로 3가 270
　　　푸른숲 빌딩 4층, 우편번호 120-013
전화·(기획실) 362-4457~8 (편집부) 364-8666
　　　(영업부) 364-7871~3
팩시밀리·364-7874

ⓒ 김대성·윤열수, 1997

값 9,800원
ISBN 89-7184-171-0　03380

* 잘못된 책은 바꾸어 드립니다.
* 저자와의 협약에 의해 인지는 생략합니다.

우편요금
수취인 부담

발송유효기간
1997.1.1~1998.12.31
서대문우체국 승인
제168호

도서출판 **푸른솔**

서울 서대문구 중정로 3가 270번지 푸른솔빌딩4층
전화 364-7871~3 팩시밀리 364-7874

`1` `2` `0` - `0` `1` `3`

우 편 엽 서

보내는 사람 :

이름 _____ 성별 남☐ 여☐

생년월일 _____ (만 세) 미혼☐ 기혼☐

직업 _____ 전화 _____

주소 _____

☐☐☐-☐☐☐

독자카드

도서출판 푸른숲은 늘 맑고 아름다운 오랜 감동으로 남을 책을 펴내고자 노력합니다. 아래의 물음에 답하신 후 우체통에 넣어주시면 푸른숲 독자회원으로 등록되며 이 자료는 좋은 책을 만드는 소중한 밑거름으로 쓰여집니다. 푸른숲의 독자가 되신 귀하들 진심으로 환영합니다.

회원 가입여부 : 기존 회원 □   신규 회원 □

구입하신 책 이름 :

구입하신 곳 :   □ 예 있는   서점

이 책을 구입하시게 된 동기 :

- 주위의 권유로 → 도움말 권유받음 / 도움말 선물받음
- 광고를 보고 →
  ┌ 신문이나 잡지 이름 :
  ├ 라디오나 TV 프로 이름 :
  └ 지하철이나 기타 :
- 신간안내나 서평을 보고 →
  ┌ 신문이나 잡지 이름 :
  ├ 라디오나 TV 프로 이름 :
  └ 푸른숲 홍보물 :
- 서점에서 우연히 (□ 제목 □ 표지 □ 내용이 눈에 띄어서
- 이미 (□ 작가 □ 푸른숲)을 알고 있어서

이 책을 읽고 난 느낌
- 내용이 기대만큼   □ 딱좋다 □ 보통이다 □ 분이다
- 책값이   □ 좋다   □ 보통이다 □ 좋다
- 표지가   □ 좋다   □ 보통이다 □ 나쁘다
- 책갈이   □ 비싸다 □ 알맞다   □ 싼 편이다

즐겨 읽는 책의 분야는
□ 시 □ 에세이나 종이있는 인물전기대 □ 국내소설
□ 외국 번역소설   □ 교양상식   □ 역사 □ 철학
□ 실용   □ 기타 (   )   □ 과학

구독하고 있는 신문, 잡지 이름

즐겨 듣는 라디오 프로그램
책 이름   TV 프로그램

최근에 읽은 책 중 가장 기억에 남는 책이나 권하고 싶은 책은?
                                        출판사 이름

구입하신 푸른숲의 책을 읽고 난 소감이나 푸른숲에 바라고 싶은 의견

상 있으신 답변 고맙습니다. 넣듯이, 저희 출판사에서 발행하는 책에 대한 신간 안내를 보내드리겠습니다. 주소가 변경될 때에는 전화나 우편으로 미리 알려주십시오.

푸른숲 TEL.364-7871~3